建筑工程施工现场岗位技能五步上岗系列

木 工

姜 海 主编

北京土木建筑学会 组织编写

江苏凤凰科学技术出版社

图书在版编目（CIP）数据

木工/姜海主编．—南京：江苏凤凰科学技术出版社，2016.8（2021.6重印）

（建筑工程施工现场岗位技能五步上岗系列/魏文彪主编）

ISBN 978-7-5537-6928-8

Ⅰ.①木… Ⅱ.①姜… Ⅲ.①建筑工程-木工-技术培训-教材 Ⅳ.①TU759.1

中国版本图书馆 CIP 数据核字（2016）第 172782 号

建筑工程施工现场岗位技能五步上岗系列

木　工

主　　编　姜　海
项目策划　凤凰空间/ 翟永梅
责任编辑　刘屹立
特约编辑　翟永梅

出版发行　江苏凤凰科学技术出版社
出版社地址　南京市湖南路 1 号 A 楼，邮编：210009
出版社网址　http：//www.pspress.cn
总 经 销　天津凤凰空间文化传媒有限公司
总经销网址　http：//www.ifengspace.cn
印　　刷　河北京平诚乾印刷有限公司

开　　本　889 mm×1 194 mm　1/32
印　　张　5.5
字　　数　138 000
版　　次　2016 年 8 月第 1 版
印　　次　2021 年 6 月第 2 次印刷

标准书号　ISBN 978-7-5537-6928-8
定　　价　28.00 元

图书如有印装质量问题，可随时向销售部调换（电话：022-87893668）。

内 容 提 要

本书将木工上岗分为五步：第一步——确保上岗资格；第二步——遵守行业规范；第三步——熟悉材料工具；第四步——掌握施工技术；第五步——保障施工安全。

本书从基础起步，真正做到从“零”讲起，把复杂的知识点，进行深入浅出的讲解，思路清晰、图文并茂。本书可以作为大专院校相关专业的辅导用书，也可作为木工人员的学习参考用书。

前言

Preface

建筑业一直以来都是我国国民经济的支柱产业，随着国家建设步伐的加快，对建筑工程人才的需求量也在急剧上升。与此同时，建筑工程对基层施工人员的技能要求也越来越高，他们技术水平的高低直接关系到工程项目施工的质量和效率。对此，我国在建筑行业开展关键岗位培训考核和持证上岗工作，对于提高从业人员的专业技术水平和职业素养，促进施工现场规范化管理，保证工程质量和安全以及推动行业发展和进步发挥了重要作用，且随着技术进步，有着越来越高的要求。

编者撰写本丛书的目的是为了让从业者能够更加快速地走上工作岗位，完成好本职工作。

本丛书包括：

《建筑工程施工现场岗位技能五步上岗系列——钢筋工》

《建筑工程施工现场岗位技能五步上岗系列——抹灰工》

《建筑工程施工现场岗位技能五步上岗系列——测量放线工》

《建筑工程施工现场岗位技能五步上岗系列——木工》

《建筑工程施工现场岗位技能五步上岗系列——模板工》

《建筑工程施工现场岗位技能五步上岗系列——混凝土工》

《建筑工程施工现场岗位技能五步上岗系列——建筑电工》

《建筑工程施工现场岗位技能五步上岗系列——水暖工》

《建筑工程施工现场岗位技能五步上岗系列——砌筑工》

《建筑工程施工现场岗位技能五步上岗系列——防水工》

《建筑工程施工现场岗位技能五步上岗系列——架子工》

丛书内容采用“五步上岗”的编写形式，分为确保上岗资格、遵守行业规范、熟悉材料工具、掌握施工技术、保障施工安全，即使读者对于相关工种工作零经验，也能够很快上手。此外，本书编写内容简明，通俗易懂，图文并茂，融新技术、新材料、新工艺与管理工作为一体，能够满足不同文化层次的技术工人和读者的需求。

本书由姜海老师主编，第一步主要由葛新丽、许春霞老师编写；第二步主要由刘梦然、张正南老师编写；第三步主要由王玉静、李芳芳老师编写；第四步主要由姜海老师编写；第五步主要由张跃、孙晓林老师编写。参与本书编写的老师还有朱思光、梁燕、吕军、闫月、江超、张蕾、俞婷。

本书在编写过程中承蒙有关高等院校、建设主管部门、建设单位、工程咨询单位、监理单位、设计单位、施工单位等方面的领导和工程技术、管理人员，以及对本书提供宝贵意见和建议的学者、专家的大力支持，在此一并向他们表示由衷的感谢！书中参考了相关教材、规范、图集、文献资料等，在此谨向这些文献的作者致以诚挚的敬意！

编　者

2016 年 7 月

目　录 Contents

第一步　确保上岗资格

第二步　遵守行业规范

第三步 熟悉材料工具

第四步 掌握施工技术

第五步 保障施工安全

第一步
确保上岗资格

1 木工资格的申报

1.1 申报初级木工资格

具备以下条件之一者，可报考初级技工：

①在同一职业（工种）连续工作二年以上或累计工作四年以上的；

②职业学校中专、职中、技校的毕业生。

1.2 申报中级木工资格

具备以下条件之一者，可报考中级技工：

①取得所申报职业（工种）的初级工等级证书满三年；

②取得所申报职业（工种）的初级工等级证书并经过中级工培训结业；

③高等院校、中等专业学校毕业并从事与所学专业相应的职业（工种）工作。

1.3 申报高级木工资格

具备以下条件之一者，可报考高级技工：

①取得所申报职业（工种）的中级工等级证书满四年；

②取得所申报职业（工种）的中级工等级证书并经过高级工培训结业；

③高等院校毕业并取得所申报职业（工种）的中级工等级证书。

2 木工考试的考点

2.1 木工知识考点

①基本识图和房屋构造知识。

②常用木材、人造板的种类、性能和用途，鉴别木材病及木材防腐、干燥方法。

③常用木工机械的构造、性能和发生故障的原因及处理方法。

④木材变形的预防和补救方法。

⑤一般配料常识，拼缝和各种头的制作方法及使用部位。

⑥常用化学胶的使用、保管方法。

⑦普通门窗五金规格、种类及适用范围。

⑧胶合板门及百叶门、窗的制作方法。

⑨一般楼梯模板的制作、安装方法。

⑩梁、板、支撑的受力常识。

⑪顶棚和木屋架的起拱知识。

⑫常用钢模板的规格、型号和模板翻模、滑模施工工艺。

⑬本职业的安全技术操作规程、施工验收规范和质量评定标准。

⑭铺塑料、纤维地板地面和安装塑料扶手的方法。

2.2 木工操作考点

①使用水平尺与线锤找平、吊线和弹线。

②修、磨、拆、装木工自用工具，操作与维护常用木工机械，安装刀具、设置防护装置等。

③选料、一般划线、锯料、刨料、打眼、开榫、推槽、裁口、起简单线条，钉屋面板、顺水条及顶棚、板墙的灰板条、金属网。

④制作、安装普通半截玻璃门、横棱玻璃窗。

⑤安装金属、塑料门窗。

⑥制作、安装一般壁橱、窗台板、窗帘箱和钉纱门窗。

⑦安装执手门锁和各种弹子门锁、弹簧插销。

⑧配制、安装、拆除一般基础、梁、柱、阳台、雨篷模板和一般预制构件模板。

⑨组装钢模板及配合安装、拆除模板。

⑩按大样图制作、安装木屋架、檩条和铺钉石棉瓦，吊一般顶棚。

⑪铺、刨企口地板和钉踢脚板。

第二步
遵守行业规范

1　木工涉及法律、法规（摘录）

1.1　建筑法

（1）建筑法赋予木工的权利

①有权对影响人身健康的作业程序和作业条件提出改进意见，有权获得安全生产所需的防护用品，对危及生命安全和人身健康的行为有权提出批评、检举和控告；

②对建筑工程的质量事故、质量缺陷有权向建设行政主管部门或者其他有关部门进行检举、控告、投诉。

（2）保障他人合法权益

从事木工作业时应当遵守法律、法规，不得损害社会公共利益和他人的合法权益。

（3）不得违章作业

木工在作业过程中，应当遵守有关安全生产的法律、法规和建筑行业安全规章、规程，不得违章指挥或者违章作业。

（4）依法取得执业资格证书

从事建筑活动的木工技术人员，应当依法取得执业资格证书，并在执业资格证书许可的范围内从事建筑活动。

(5) 安全生产教育培训制度

木工在施工单位应接受安全生产的教育培训，未经安全生产教育培训的木工不得上岗作业。

(6) 施工中严禁违反的条例

必须严格按照工程设计图纸和施工技术标准施工，不得偷工减料或擅自修改工程设计。

(7) 不得收受贿赂

在工程发包与承包中索贿、受贿、行贿，构成犯罪的，依法追究刑事责任；不构成犯罪的，分别处以罚款，没收贿赂的财物。

1.2 消防法

(1) 消防法赋予木工的义务

维护消防安全、保护消防设施、预防火灾、报告火警、参加有组织的灭火工作。

(2) 造成消防隐患的处罚

木工在作业过程中，不得损坏、挪用或者擅自拆除、停用消防设施、器材，不得埋压、圈占、遮挡消火栓或者占用防火间距，不得占用、堵塞、封闭疏散通道、安全出口、消防车通道。人员密集场所的门窗不得设置影响逃生和灭火救援的障碍物。违者处五千元以上五万元以下罚款。

1.3 电力法

木工在作业过程中，不得危害发电设施、变电设施和电力线路设施及其有关辅助设施；不得非法占用变电设施用地、输电线路走廊和电缆通道；不得在依法划定的电力设施保护区内堆放可能危及电力设施安全的物品。

1.4 计量法

木工在作业过程中，不得破坏计量器具的准确度，损害国家和消费者的利益。

1.5 劳动法、劳动合同法

(1) 劳动法、劳动合同法赋予木工的权利

①享有平等就业和选择职业的权利；
②取得劳动报酬的权利；
③休息休假的权利；
④获得劳动安全卫生保护的权利；
⑤接受职业技能培训的权利；
⑥享受社会保险和福利的权利；
⑦提请劳动争议处理的权利；
⑧法律规定的其他劳动权利。

(2) 劳动合同的主要内容

①用人单位的名称、住所和法定代表人或者主要负责人；
②劳动者的姓名、住址和居民身份证或者其他有效身份证件号码；

③劳动合同期限；

④工作内容和工作地点；

⑤工作时间和休息休假；

⑥劳动报酬；

⑦社会保险；

⑧劳动保护、劳动条件和职业危害防护；

⑨法律、法规规定应当纳入劳动合同的其他事项；

⑩劳动合同除前款规定的必备条款外，用人单位与劳动者可以约定试用期、培训、保守秘密、补充保险和福利待遇等其他事项。

(3) 劳动合同订立的期限

根据国家法律规定，在用工前订立劳动合同的，劳动关系自用工之日起建立。已建立劳动关系，未同时订立书面劳动合同的，应当自用工之日起一个月内订立书面劳动合同。

(4) 劳动合同的试用期限

劳动合同期限三个月以上不满一年的，试用期不得超过一个月；劳动合同期限一年以上不满三年的，试用期不得超过二个月；三年以上固定期限和无固定期限的劳动合同，试用期不得超过六个月。

(5) 劳动合同中不约定试用期的情况

以完成一定工作任务为期限的劳动合同或者劳动合同期限不满三个月的，不得约定试用期。

(6) 劳动合同中约定试用期不成立的情况

劳动合同仅约定试用期的，试用期不成立，该期限为劳动合同期限。

(7) 试用期的工资标准

试用期的工资不得低于本单位相同岗位最低档工资或者劳动合同约定工资的百分之八十，并不得低于用人单位所在地的最低工资标准。

(8) 没有订立劳动合同情况下的工资标准

用人单位未在用工的同时订立书面劳动合同，与劳动者约定的劳动报酬不明确的，新招用的劳动者的劳动报酬按照集体合同规定的标准执行，没有集体合同或者集体合同未规定的，实行同工同酬。

(9) 无固定期限劳动合同

无固定期限劳动合同，是指用人单位与劳动者约定无确定终止时间的劳动合同。

(10) 固定期限劳动合同

固定期限劳动合同，是指用人单位与劳动者约定合同终止时间的劳动合同。木工在该用人单位连续工作满十年的，应当订立无固定期限劳动合同。

(11) 工作时间制度

国家实行劳动者每日工作时间不超过八小时、平均每周工作时间不超过四十四小时的工时制度。

(12) 休息时间制度

用人单位应当保证劳动者每周至少休息一日，在元旦、春节、国际劳动节、国庆节以及法律、法规规定的其他休假节日期间应当依法安排劳动者休假。

(13) 集体合同的工资标准

集体合同中劳动报酬和劳动条件等标准不得低于当地人民政府规定的最低标准；用人单位与劳动者订立的劳动合同中劳动报酬和劳动条件等标准不得低于集体合同规定的标准。

(14) 非全日制用工

①非全日制用工，是指以小时计酬为主，劳动者在同一用人单位一般平均每日工作时间不超过四小时，每周工作时间累计不超过二十四小时的用工形式；

②非全日制用工双方当事人不得约定试用期。

1.6 安全生产法

(1) 安全生产法赋予木工的权利

①木工作业人员有权了解其作业场所和工作岗位存在的危险因素、防范措施及事故应急措施，有权对本单位的安全生产工作提出建议；

②木工作业人员有权对本单位安全生产工作中存在的问题提出批评、检举、控告；有权拒绝违章指挥和强令冒险作业；

③木工作业时，发现危及人身安全的紧急情况，有权停止作业或采取应急措施后撤离作业场所；

④木工因生产安全事故受到损害，除依法享有工伤保险外，依照有关民事法律尚有获得赔偿的权利的，有权向本单位提出赔偿要求；

⑤木工享有配备劳动防护用品、进行安全生产培训的权利。

(2) 安全生产法赋予木工的义务

①作业过程中，应当严格遵守本单位的安全生产规章制度和操作规程，服从管理，正确佩戴和使用劳动防护用品；

②发现事故隐患或者其他不安全因素，应当立即向现场安全生产管理人员或者本单位负责人报告；接到报告的人员应当及时予以处理；

③认真接受安全生产教育和培训，掌握本职工作所需的安全生产知识，提高安全生产技能，增强事故预防和应急处理能力。

(3) 木工人员应具备的素质

具备必要的安全生产知识，熟悉有关的安全生产规章制度和安全操作规程，掌握本岗位的安全操作技能，了解事故应急处理措施，知悉自身在安全生产方面的权利和义务。

(4) 掌握四新

木工作业人员在采用新工艺、新技术、新材料、新设备的同时，必须了解、掌握其安全技术特性，采取有效的安全防护措施；严禁使用应当淘汰的危及生产安全的工艺、设备。

(5) 员工宿舍

生产、经营、储存、使用危险物品的车间、商店、仓库不得与员工宿舍在同一座建筑物内，并与员工宿舍保持安全距离。员工宿舍应设有符合紧急疏散要求、标志明显、保持畅通的出口。

1.7 保险法、社会保险法

(1) 社会保险法赋予木工的权利

依法享受社会保险待遇，有权监督本单位为其缴费情况，有权查询缴费记录、个人权益记录，要求社会保险经办机构提供社会保险咨询等相关服务。

(2) 用人单位应缴纳的保险

①基本养老保险，由用人单位和木工共同缴纳；

②基本医疗保险，由用人单位和木工按照国家规定共同缴纳基本医疗保险费；

③工伤保险，由用人单位按照本单位木工工资总额，根据社会保险经办机构确定的费率缴纳；

④失业保险，由用人单位和木工按照国家规定共同缴纳；

⑤生育保险，由用人单位按照国家规定缴纳。

(3) 基本医疗保险不能支付的医疗费

①应当从工伤保险基金中支付的；

②应当由第三人负担的；

③应当由公共卫生负担的；

④在境外就医的。

(4) 适用于工伤保险待遇的情况

因工作原因受到事故伤害或者患职业病，且经工伤认定的，享受工伤保险待遇；其中，经鉴定丧失劳动能力的，享受伤残待遇。

(5) 领取失业保险金的条件

①失业前用人单位和本人已经缴纳失业保险费满一年的；
②非因本人意愿中断就业的；
③已经进行失业登记，并有求职要求的。

(6) 适用于领取生育津贴的情况

①女木工生育享受产假；
②享受计划生育手术休假；
③法律、法规规定的其他情形。

生育津贴按照木工所在用人单位上年度木工月平均工资计发。

1.8 环境保护法

(1) 环境保护法赋予木工的权利

发现地方各级人民政府、县级以上人民政府环境保护主管部门和其他负有环境保护监督管理职责的部门不依法履行职责的，有权向其上级机关或者监察机关举报。

(2) 环境保护法赋予木工的义务

应当增强环境保护意识，采取低碳、节俭的生活方式，自觉履行环境保护义务。

1.9 民法通则

民法通则赋予木工的权利

木工对自己的发明或科技成果，有权申请领取荣誉证书、奖金或者其他奖励。

1.10 建设工程安全生产管理条例

(1) 安全生产条例赋予木工的权利

①依法享受工伤保险待遇；

②参加安全生产教育和培训；

③了解作业场所、工作岗位存在的危险、危害因素及防范和应急措施，获得工作所需的合格劳动防护用品；

④对本单位安全生产工作提出建议，对存在的问题提出批评、检举和控告；

⑤拒绝违章指挥和强令冒险作业，发现直接危及人身安全紧急情况时，有权停止作业或者采取可能的应急措施后撤离作业场所；

⑥因事故受到损害后依法要求赔偿；

⑦法律、法规规定的其他权利。

(2) 安全生产条例赋予木工的义务

①遵守本单位安全生产规章制度和安全操作规程；

②接受安全生产教育和培训，参加应急演练；

③检查作业岗位（场所）事故隐患或者不安全因素并及时报告；

④发生事故时，应及时报告和处置；紧急撤离时，服从现场统一指挥；

⑤配合事故调查，如实提供有关情况；

⑥法律、法规规定的其他义务。

1.11 建设工程质量管理条例

(1) 建设工程质量管理条例赋予木工的义务

对涉及结构安全的试块、试件以及有关材料，应当在建设单位或者工程监理单位监督下现场取样，并送具有相应资质等级的质量检测单位进行检测。

(2) 重大工程质量的处罚

①违反国家规定，降低工程质量标准，造成重大安全事故，构成犯罪的，对直接责任人员依法追究刑事责任；

②发生重大工程质量事故隐瞒不报、谎报或者拖延报告期限的，对直接负责的主管人员和其他责任人员依法给予行政处分；

③因调动工作、退休等原因离开该单位后，被发现在该单位工作期间违反国家有关建设工程质量管理规定，造成重大工程质量事故的，仍应当依法追究法律责任。

1.12 工伤保险条例

(1) 认定为工伤的情况

①在工作时间和工作场所内，因工作原因受到事故伤害的；

②工作时间前后在工作场所内，从事与工作有关的预备性或者收尾性工作受到事故伤害的；

③在工作时间和工作场所内，因履行工作职责受到暴力等意外伤害的；

④患职业病的；

⑤因工外出期间，由于工作原因受到伤害或者发生事故下落不明的；

⑥在上下班途中，受到非本人主要责任的交通事故或者城市轨道交通、客运轮渡、火车事故伤害的；

⑦法律、行政法规规定应当认定为工伤的其他情形。

（2）视同为工伤的情况

①在工作时间和工作岗位，突发疾病死亡或者在 48 小时之内经抢救无效死亡的；

②在抢险救灾等维护国家利益、公共利益活动中受到伤害的；

③木工原在军队服役，因战、因公负伤致残，已取得革命伤残军人证，到用人单位后旧伤复发的。

有前款第①项、第②项情形的，按照本条例的有关规定享受工伤保险待遇；有前款第③项情形的，按照本条例的有关规定享受除一次性伤残补助金以外的工伤保险待遇。

（3）工伤认定申请表的内容

工伤认定申请表应当包括事故发生的时间、地点、原因以及木工伤害程度等基本情况。

(4) 工伤认定申请的提交材料

①工伤认定申请表；

②与用人单位存在劳动关系（包括事实劳动关系）的证明材料；

③医疗诊断证明或者职业病诊断证明书（或者职业病诊断鉴定书）。

(5) 享受工伤医疗待遇的情况

①在停工留薪期内，原工资福利待遇不变，由所在单位按月支付。

②停工留薪期一般不超过12个月。伤情严重或者情况特殊，经设区的市级劳动能力鉴定委员会确认，可以适当延长，但延长不得超过12个月。工伤职工评定伤残等级后，停发原待遇，按照本章的有关规定享受伤残待遇。工伤木工在停工留薪期满后仍需治疗的，继续享受工伤医疗待遇。

③生活不能自理的工伤木工在停工留薪期需要护理的，由所在单位负责。

(6) 停止享受工伤医疗待遇的情况

工伤木工有下列情形之一的，停止享受工伤保险待遇：

①丧失享受待遇条件的；

②拒不接受劳动能力鉴定的；

③拒绝治疗的。

1.13 女职工劳动保护规定

(1) 女木工怀孕期间的待遇

①用人单位不得在女木工怀孕期、产期、哺乳期降低其基本工资，或者解除劳动合同。

②女木工在怀孕期间，所在单位不得安排其从事高空、低温、冷水和国家规定的第三级体力劳动强度的劳动。

③女木工在怀孕期间，所在单位不得安排其从事国家规定的第三级体力劳动强度的劳动和孕期禁忌从事的劳动，不得在正常劳动日以外延长劳动时间；对不能胜任原劳动的，应当根据医务部门的证明，予以减轻劳动量或者安排其他劳动。怀孕七个月以上（含七个月）的女木工，一般不得安排其从事夜班劳动；在劳动时间内应当安排一定的休息时间。怀孕的女木工，在劳动时间内进行产前检查，应当算作劳动时间。

(2) 产假的天数

女木工产假为九十八天，其中产前休假十五天。难产的，增加产假十五天。多胞胎生育的，每多生育一个婴儿，增加产假十五天。女木工怀孕流产的，其所在单位应当根据医务部门的证明，给予一定时间的产假。

2 木工涉及规范（部分）

①《六角头螺栓》(GB/T 5782—2000)；

②《细木工板》(GB/T 5849—2006)；

③《铝合金门窗》(GB/T 8478—2008)；

④《工业用橡胶板》(GB/T 5574—2008)；

⑤《建筑材料难燃性试验方法》(GB/T 8625—2005);
⑥《木工机床安全通则》(GB 12557—2010);
⑦《竹编胶合板》(GB/T 13123—2003);
⑧《木工圆锯片》(GB/T 13573—1992);
⑨《木工圆锯片尺寸》(GB/T 21680—2008);
⑩《木结构覆板用胶合板》(GB/T 22349—2008);
⑪《防腐木材的使用分类和要求》(GB/T 27651—2011);
⑫《木材防腐剂》(GB/T 27654—2011);
⑬《建筑结构用木工字梁》(GB/T 28985—2012);
⑭《门窗反复启闭耐久性试验方法》(GB/T 29739—2013);
⑮《木门窗》(GB/T 29498—2013);
⑯《木结构设计规范》(GB 50005—2003);
⑰《建筑结构荷载规范》(GB 50009—2012);
⑱《木结构工程施工质量验收规范》(GB 50206—2012);
⑲《建筑防腐蚀工程施工规范》(GB 50212—2014);
⑳《建筑地面工程施工质量验收规范》(GB 50209—2010);
㉑《建筑工程施工质量验收统一标准》(GB/T 50300—2013);
㉒《屋面工程技术规范》(GB 50345—2012);
㉓《木骨架组合墙体技术规范》(GB/T 50361—2005);
㉔《坡屋面工程技术规范》(GB 50693—2011)。

第三步
熟悉材料工具

1　木工材料

1.1　常用木材

木工常用木材如图 3-1 所示。

针叶树：树叶细长如针，多为常绿树，材质一般较软，有的含树脂，故又称软材

杉木

- 特点：干燥性能好、韧性强、易加工、较耐久
- 适用：门窗、屋架、地板、搁栅、檩条、椽条、屋面板、模板的制作

鱼鳞云杉

- 特点：易干燥、富弹性、加工性能好、弯挠性能极好
- 适用：屋架、檩条、搁栅、门窗、屋面板、模板、家具的制作

柏木

- 特点：易加工、耐久性强、切削面光滑，但干燥后易开裂
- 适用：门窗、胶合板、屋面板、模板的制作

红松

- 特点：干燥、加工性能良好，不易龟裂、变形，松脂多、耐腐朽
- 适用：门窗、地板、屋架、檩条、搁栅、木墙裙

马尾松

- 特点：松脂多、耐腐朽，但干燥时有翘裂倾向、加工性能不好
- 适用：小屋架、模板、屋面板的制作

落叶松

- 特点：耐腐朽，但加工性能不好、难于干燥、易开裂变形
- 适用：搁栅、小跨度屋架、支撑、木桩、屋面板的制作

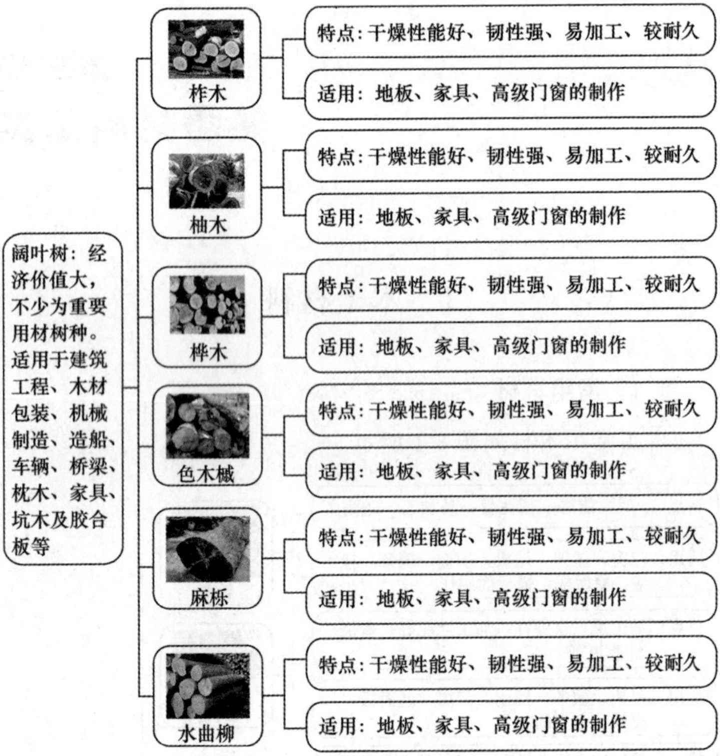

图 3-1 木工常用木材图

1.2 常用板材

(1) 纤维板

纤维板（图 3-2）在构造上比天然木材均匀，而且没有天然木材的节子、腐朽、虫眼等缺陷，同时具备了胀缩性小，不翘曲、不开裂等性质。硬质、半硬质纤维板常用于室内装饰装修、制作家具，软质纤维板常用于建筑吸

图 3-2 纤维板

声、保温和装饰。

(2) 胶合板

胶合板（图 3-3）是利用原木旋切成单板，再经干燥、涂胶后，将三层以上成奇数的单板相叠，每一层的木纹方向必须纵横交错，然后采用胶黏剂黏合，再经热压制成的一种人造板材。

图 3-3　胶合板

胶合板一般按耐气候、耐水、耐潮来分类，如图3-4所示。

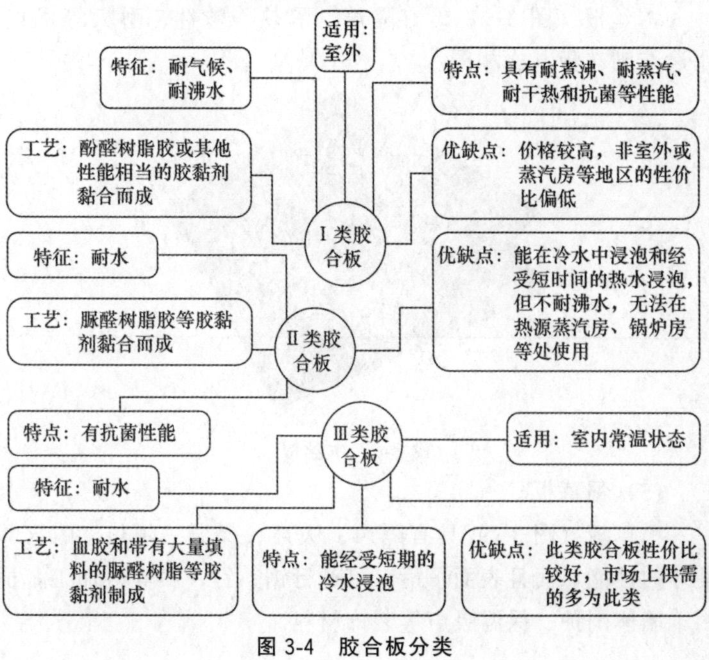

图 3-4　胶合板分类

(3) 刨花板

刨花板（图 3-5）的主要特点是吸声和隔热性能好，具有一定的防火性能，火源移开后只会阴燃不会自燃，抗菌性能高于天然木材。刨花板适用于建筑物、车辆、船舶的顶棚、隔断、护壁等装修，也常作为包装材料。

图 3-5 刨花板

(4) 木丝板

木丝板（图 3-6）具有隔声、隔热、防蛀、耐火等优点，用途与刨花板基本相同。

图 3-6 木丝板

(5) 稻草板

稻草板（图 3-7）具有隔声、吸声、保温、隔热、耐火等良好的性能，而且表面平滑，可进行锯、钉、漆等再加工，适用于墙体围护、保温吸声等装饰材料。

图 3-7 稻草板

(6) 企口木地板

企口木地板（图 3-8）采用质地优良、不易腐朽开裂的木材加工制成，接缝可做成企口、截口或平头。

图 3-8 企口木地板

(7) 装饰贴面板

装饰贴面板（图 3-9）的耐蚀、耐磨、耐烫性良好，还具有一定的防水性，面板表面光滑、美观。主要适用于家具面层、室内装修。

图 3-9 装饰贴面板

(8) 细木工板

细木工板（图 3-10）具有幅面大、平整，吸声、隔热，使用方便等特点，适用于建筑制品及家具制作等方面。

图 3-10　细木工板

1.3　木材的干燥

(1) 大气干燥法(图 3-11)

将木材堆垛成材堆，设置堆顶和堆基，以太阳能为热源，利用空气自然对流作用使木材干燥。此种方法成本最低，但占地面积大，干燥周期较长，受环境气候的影响。

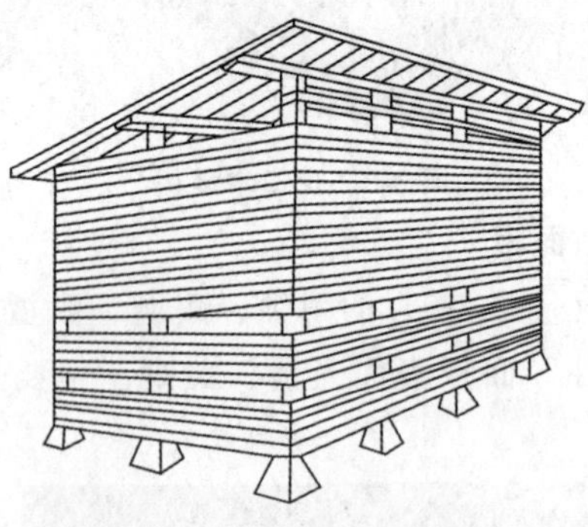

图 3-11　大气干燥法

(2) 强制气干法(图 3-12)

方法与大气干燥法类似，使用风机加快气流流通，加速热、湿传递。相比大气干燥法，强制气干法的周期短，效果好，但成本较高。适用于加工场地小而电源较充裕的企业。

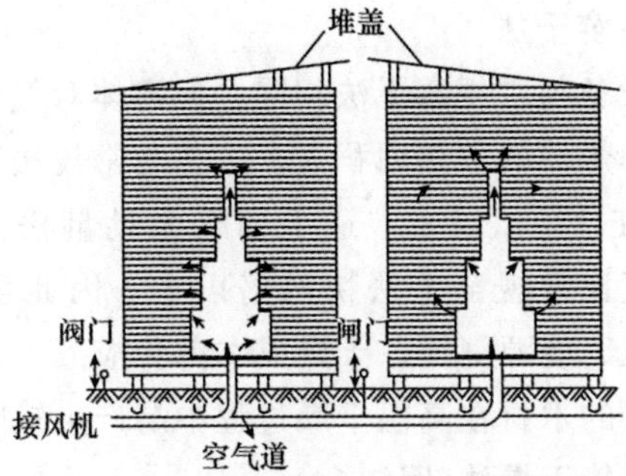

图 3-12 强制气干法

(3) 常规窑干法(图 3-13)

窑内装有加热器及调湿装置，以湿空气为传热、传湿介质，通过材堆的气流一般为强制循环，温度不超过 100℃。此种方法应用比较广泛，能在保证质量的前提下随意调节木材的干燥程度，但投资大，能源利用率低。

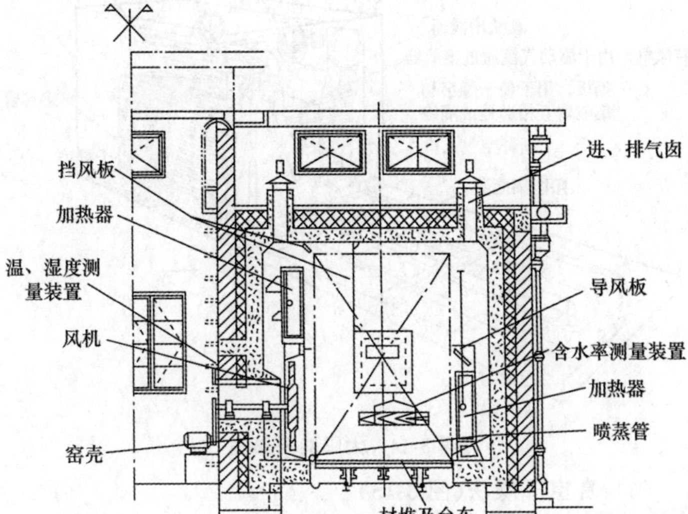

图 3-13 常规窑干法

(4) 高温窑干法

窑体及设备与常规窑干法相同，但窑体对气密性与保温性要求较高，加热器的散热面积大。工艺与常规法类似，但使用的介质温度在 100℃以上。适于加工大批量松、杉、椴等木材，干燥速度比常规窑干法快两倍以上，因此窑及设备的投资、建筑用地、能源消耗、干燥成本都相应减少，但透气性差导致木射线粗的木材在高温干燥过程中易产生缺陷。

(5) 太阳能干燥法(图 3-14)

置材堆于三面为玻璃壁的干燥窑内，以太阳能为主要热源，热气体为辅助热源，用集能器和贮热器加强热能利用率，用喷水器及通风孔调节湿度，用风机引起强制循环，达到干燥目的。

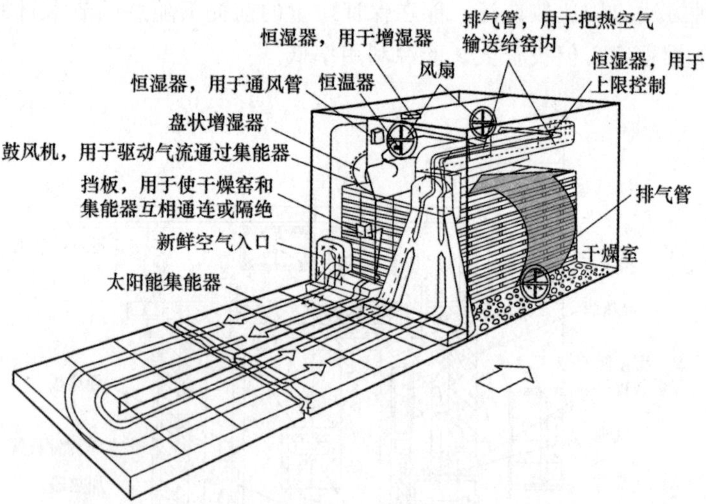

图 3-14　太阳能干燥法

(6) 真空干燥法(图 3-15)

把木材置于真空罐内抽真空、加热，造成由木材内部和外界的水蒸气压力差，使木材内的水分从木材中蒸发并从真空罐中抽出。

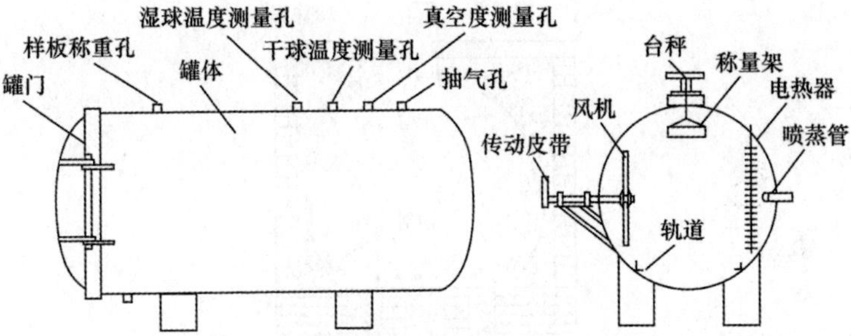

图 3-15　真空干燥法

(7) 微波干燥法(图 3-16)

在谐振腔加热器或曲折波导加热器中，由于受电磁波作用，木材内部因分子间摩擦而产生热量，形成内高外低的蒸气压力差，促使木材快干。一般用于珍贵木材的干燥。

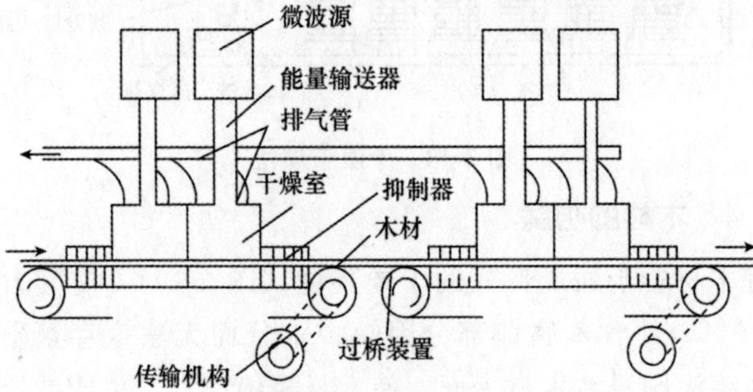

图 3-16　微波干燥法

(8) 红外线干燥法(图 3-17)

将木材置于辐射板的照射范围内，木材中的水分吸收辐射能后，温度迅速提高后蒸发。

(9) 除湿干燥法(图 3-18)

从窑内抽出的热湿空气在流过除湿装置的蒸发器时，所含热能被蒸发器内气态制冷剂吸取，所含水分凝结成水并被排走；当冷干空气流过冷凝器时，从冷凝器内的液态制冷剂中吸取热能变成热干状态，并在通过电阻丝加热器时进一步提高温度，再入窑作为介质。

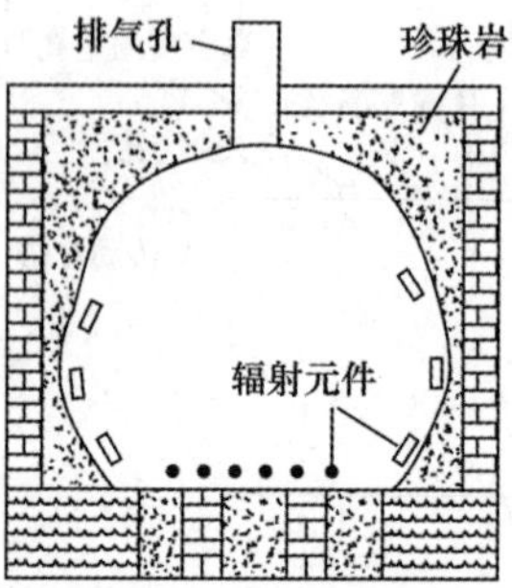

图 3-17　红外线干燥法

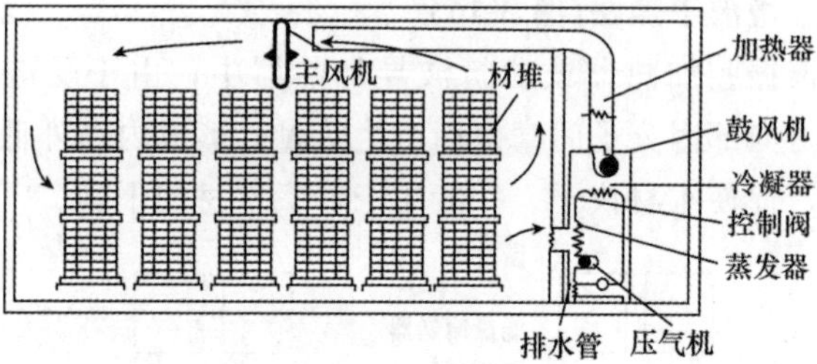

图 3-18　除湿干燥法

1.4　木材的防腐

将木材置于通风良好的干燥环境（图 3-19），使其含水率低于 15%，使含木腐菌部分因缺少水分而无法生存繁殖。或者用油漆涂刷浸渍木材表面，使木材隔绝空气，也能减慢木材的腐朽过程。

图 3-19　良好环境下的木材堆放

1.5 木材的防火

丙烯酸乳胶涂料是一种用于木材的防火涂料，每立方米木材用量不得少于0.5 kg。这种涂料无抗水性，可用于顶棚、木屋架和室内细木制品，如图 3-20 所示。经过防火处理后的木料，应在火源脱离后只会阴燃而不会自燃。

图 3-20 顶棚的防火工作

1.6 木结构用胶

木结构用胶的种类及特点，如图 3-21 所示。

- 耐水性胶黏剂
  - 间苯二酚甲醛胶黏剂
    - 优缺点：黏结强度高，黏结性能优良，可在常温或中温下固化，故操作方便，黏结层整而不脆，可在-40～100℃的温度条件下使用，但价格较高，且对木材污染严重
    - 适用：多用于承受较重荷载的木结构，以及在露天等条件下使用的木结构。如建筑用的层合梁、弓形屋架等
  - 酚醛树脂胶黏剂
    - 优缺点：黏结强度、耐水性、耐候性优异，耐老化、耐热性好，价格适中，但对木材有明显污染
    - 适用：建筑木结构的黏结、木工装配黏合以及胶合板等木制品的生产

- 半耐水性胶黏剂
  - 聚醋酸乙烯胶黏剂（白乳胶）
    - 优缺点：耐潮湿，耐冷水，但不耐热水，且黏结件不能在露天条件下使用，在60～80℃温度下黏结强度会降低，在长期受到连续荷载的情况下，黏结层会产生较大的塑性变形
    - 适用：小板拼合，木装修黏结，以及碎木层压材、人造板材生产等，应用极为广泛
  - 脲醛树脂胶黏剂
    - 优缺点：溶于水，常温或加热条件下均能自行固化，固化后无色，不污染木材，使用方便。黏结强度比动物胶高，黏结层耐热、耐潮湿、耐微生物，但其耐热性、耐沸水性、耐老化性均低于酚醛胶黏剂
    - 适用：大批量的木材粘结生产，制造胶合板、夹芯板和小层压材，也可用于一般木作工程的结构
  - 酪素胶黏剂
    - 优缺点：无毒，抗振性好，可在低温条件下操作固化，黏结强度较好，但固化时间较长，耐水性和抗腐性较差
    - 适用：主要用于大批量的木材黏结生产，制造胶合板、夹芯板和小层压材，也可用于一般木作工程的结构

图 3-21 耐水性胶黏剂

2 木工工具

2.1 画线工具

(1) 木工铅笔

木工铅笔（图 3-22）的笔杆呈椭圆形，使用前应削成扁平形，笔尖宜细不宜粗，画线时要使铅芯扁平面沿着尺顺划。

图 3-22 木工铅笔

(2) 角尺

角尺（图 3-23）有木制和钢制两种，用于画垂直线、平行线、卡方及检查平面。

图 3-23 角尺

(3) 墨斗

墨斗通常由圆筒、摇把、线轮和定针等组成，如图 3-24 所示。圆筒内装有饱含墨汁的丝绵或棉花，筒身上留有对穿线孔，线轮上绕有线绳，一端拴住定针弹线时，将定针固定在画线木板的一端，另一端用手指压住，然后拉弹线绳饱含墨汁，线绳拉弹放下，即留有弹线墨线条。

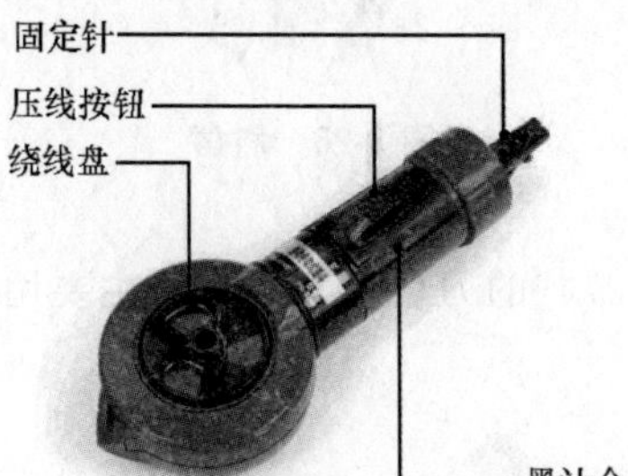

图 3-24 墨斗

2.2 手工具

(1) 平凿

平凿（图 3-25）的刀口是平的，主要用在于开四方形孔或是对一些四方形孔的修葺。

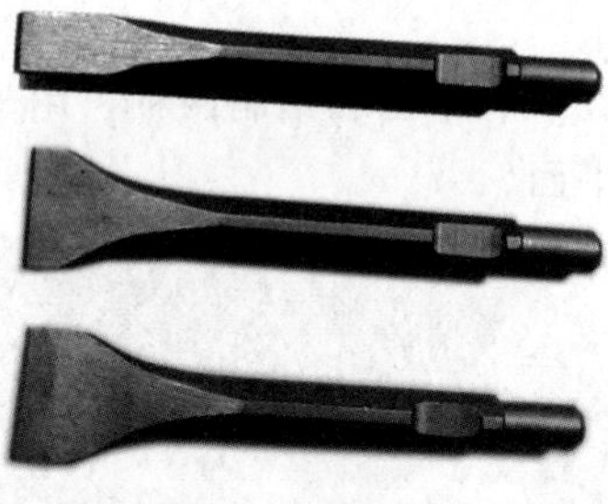

图 3-25　平凿

(2) 斜凿

斜凿（图 3-26）的刀口呈 45°角，主要用来修葺，多数用于雕刻和雕刻的一些死角修葺。

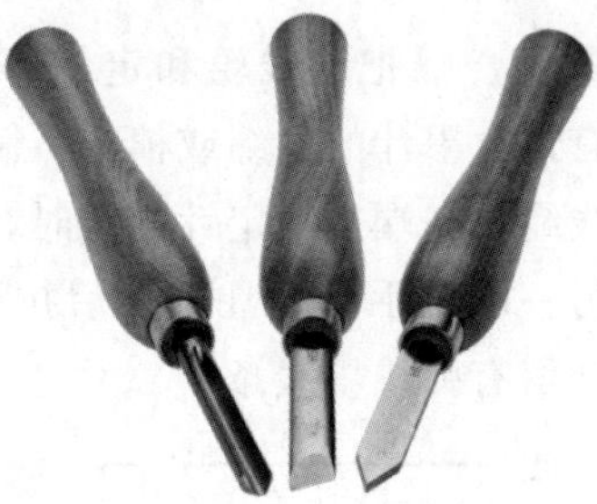

图 3-26　斜凿

(3) 圆凿

圆凿（图 3-27）的刀口呈半圆形，主要用来开圆形孔位或是椭圆孔位。

图 3-27　圆凿

（4）框锯

框锯（图 3-28）按锯条长度及齿距不同可分为粗、中、细三种。粗锯主要用于锯割较厚的木料；中锯主要用于锯割薄木料或开榫头；细锯主要用于锯割较细的木材和开榫拉肩。

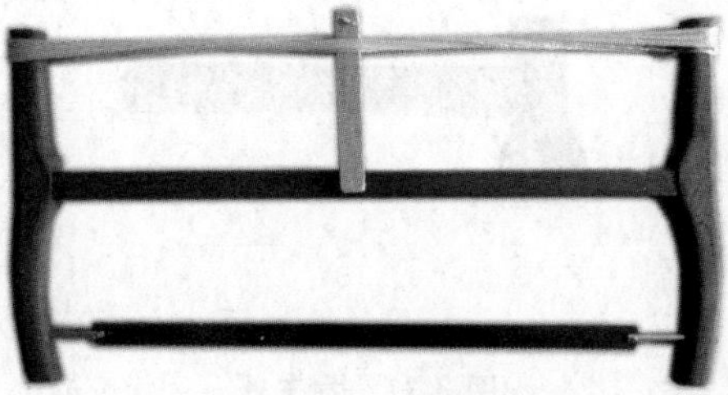

图 3-28　框锯

（5）弓锯

弓锯（图 3-29）的握持舒适、安全，收折动作连贯，同时可收纳多片锯片，在更换和使用上极为方便。

图 3-29　弓锯

（6）木锉

木锉用来锉削构件的孔眼、棱角、凹槽或修整不规则的表面。按其形状不同，分为平锉、圆锉、扁锉等，如图 3-30 所示。木锉在使用时都装有木柄。在锉木头时，要顺着木纹锉，才能使表面光洁，反之则可能倒毛。

图 3-30　木锉

(7) 木工斧

木工斧（图 3-31）是一种砍削工具，专用于伐木、劈木柴和砍木料。

图 3-31 木工斧

(8) 手工刨

手工刨是传统古家具制作的一种常用工具，由刨刃和刨床两部分构成，如图 3-32 所示。

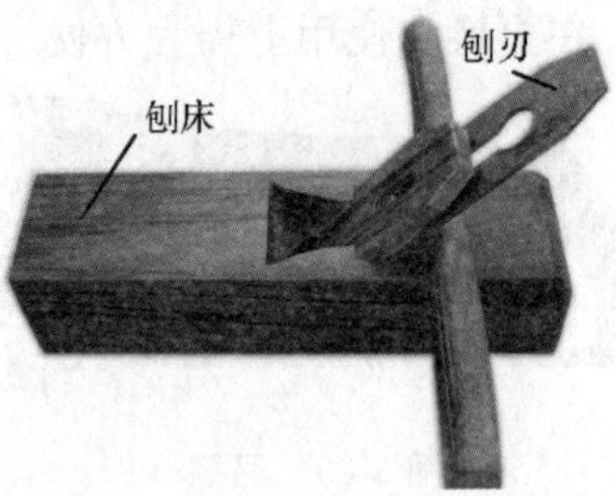

图 3-32 手工刨

2.3 电气具

(1) 曲线锯

曲线锯（图 3-33）的锯条较窄（10 mm 左右），主要是用来锯割圆弧、曲线等部分。

(2) 电圆锯

电圆锯（图 3-34）主要由电动机、减速箱、防护罩、调节机构和底板、手柄、开关、不可重接插头、圆锯片等组成。

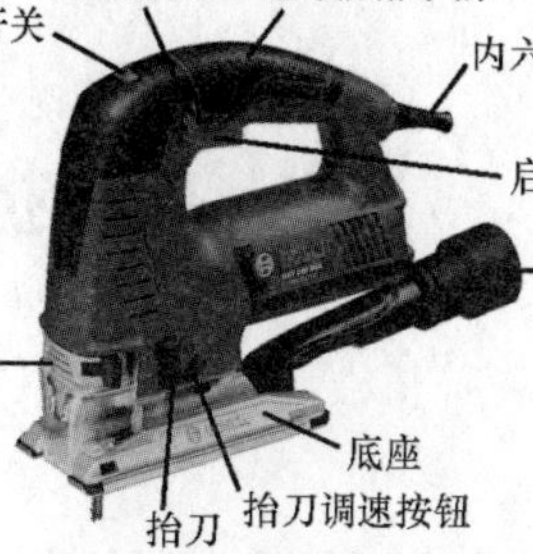

图 3-33　曲线锯

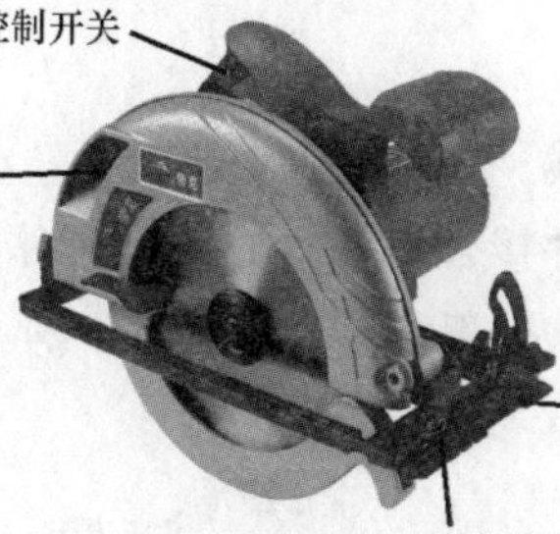

图 3-34　电圆锯

(3) 电刨

电刨（图 3-35）具有生产效率高、刨削表面平整、光滑等特点，主要用于进行各种木材的平面刨削、倒棱和裁口等作业。

图 3-35　电刨

第四步
掌握施工技术

1 木结构施工技术

1.1 榫接合

(1) 榫头的组成

榫接合是木构件接合的基本方式，同时也是木工最基本的操作技能之一。榫头一般由榫端、榫夹、榫肩、榫眼和榫槽构成，如图 4-1 所示。

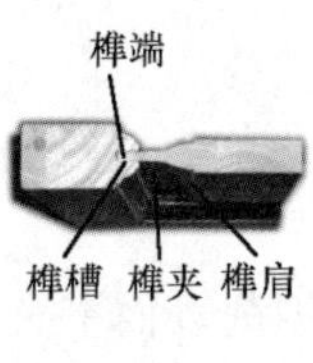

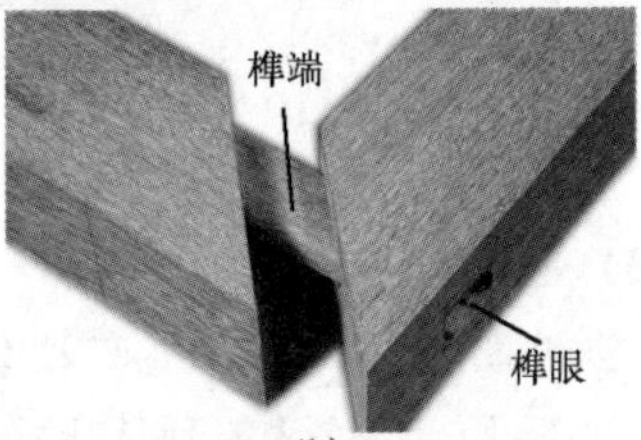

图 4-1 榫头

(a) 榫端和榫槽的关系；(b) 榫端和榫眼的关系

(2) 榫接合的类型

①按榫头及本身角度，可分为直榫、斜榫和燕尾榫。燕尾榫比较牢固，但榫肩的倾斜角度不宜大于 10°，否则易发生剪切破坏，如图 4-2 所示。

②按榫头是否贯通，可分为明榫和暗榫。明榫榫眼穿开，榫头贯通，如图 4-3 所示。暗榫不露榫头，外表比较美观，但连接强度不如明榫。

图 4-2 燕尾榫

图 4-3 明榫

③按榫头与木材本身的整体性，可分为圆榫和短形榫。圆榫可以省去开榫、割肩等工序，在两个连接工件上钻眼即可接合，如图 4-4 所示。矩形榫工艺较为简单，可提高工效。

图 4-4 圆榫

④按榫头多少，可分为多头榫（图 4-5）、双头榫和单头榫。一般框架多用单头榫、双头榫，箱柜或抽屉则常用多头榫，榫头多少要与断面大小成一定比例。

图 4-5 多头榫

⑤按榫槽顶面是否开口，可分为闭口榫（图 4-6）、开口榫和半闭口榫三类。开口榫接触面积大，强度高，但榫头外露，影响美观。闭口榫接合强度较差，一般用于受力较小的部位。半闭口榫应用则较为广泛。

图 4-6 闭口榫

1.2 框接合

(1) 十字形接合

在两根木料接合的相对部位各切割处对称的半口，接合后可用木梢加以紧固，如图 4-7 所示。这种接合外形美观、连接紧密，常用于门窗棂子。

图 4-7 十字形接合

(2)丁字形接合

在一根方木上做榫眼或榫槽，另一根方木上做榫头，这种接合加工简单、方便，如图 4-8 所示。

图 4-8 丁字形接合

(3)直角接合

在非装饰的表面，常用钉或销作附加紧固，接合较牢靠，如图 4-9 所示。

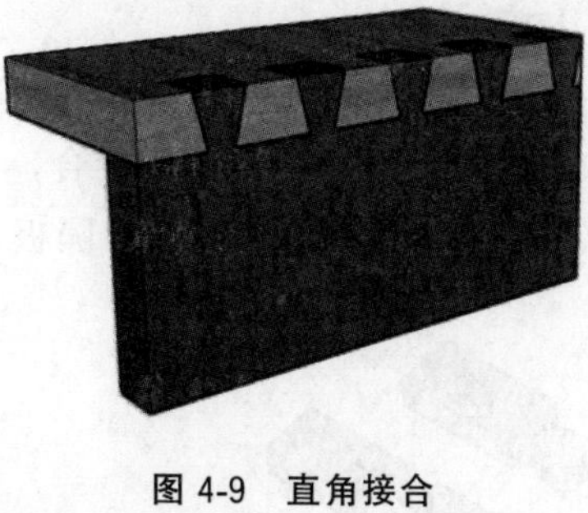

图 4-9 直角接合

(4)斜角接合

斜角接合的双肩为 45°的斜肩，榫端露明，如图 4-10 所示。

图 4-10 斜角接合

1.3 板接合

(1) 纳入接

采用纳入接时，一块板上刻榫槽，再将另一块板端直接镶入榫槽内，常用于箱（柜）隔板的丁字形接合，如图 4-11 所示。

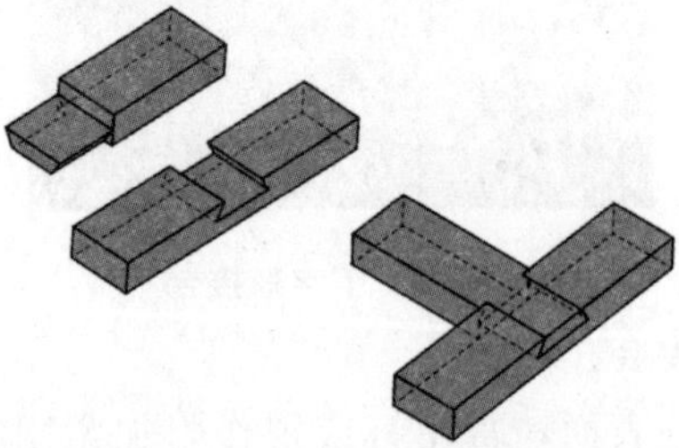

图 4-11 纳入接

(2) 燕尾纳入接

采用燕尾纳入接时，一块板上刻单肩或双肩燕尾榫槽，另一块板端做单肩或双肩燕尾榫头，然后接合，如图 4-12 所示。这种接合常用于要求整体性较高的搁板、隔板。

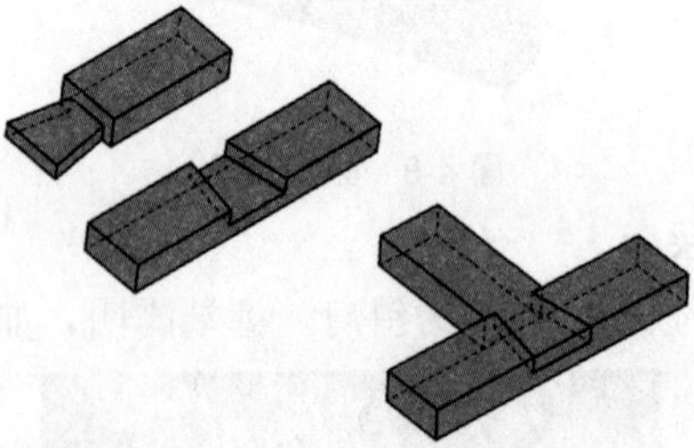

图 4-12 燕尾纳入接

(3) 对开交接

采用对开交接时，每块板端切去对应的缺口，然后相互交接，如图 4-13 所示。

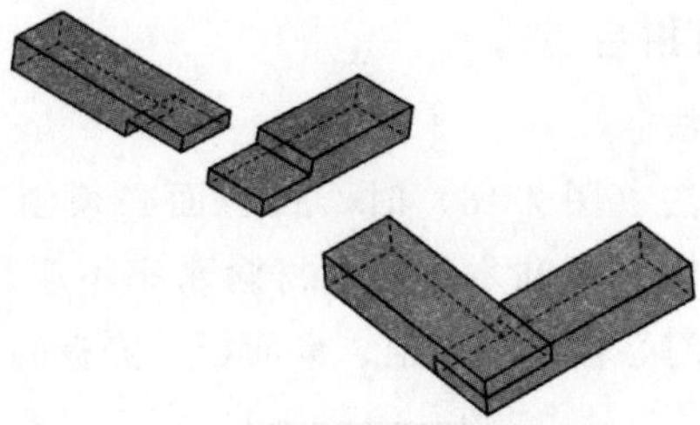

图 4-13　对开交接

(4) 明燕尾交接

采用明燕尾交接时，一块板端刻燕尾榫，另一块板端做燕尾槽，然后互相交接，如图 4-14 所示。

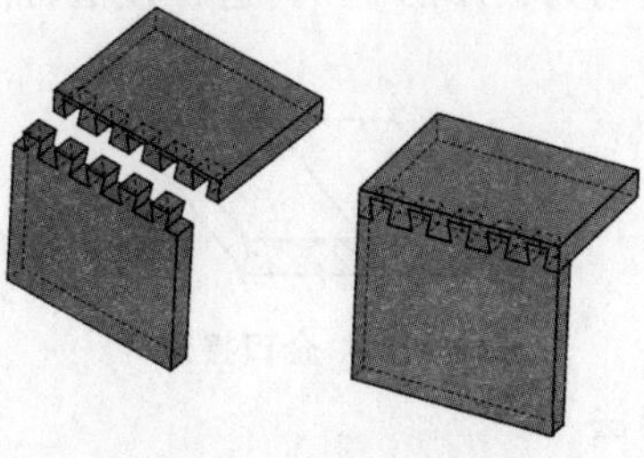

图 4-14　明燕尾交接

(5) 暗燕尾交接

采用暗燕尾交接时，一块板端做燕尾榫，另一块板端做不穿透的燕尾榫槽，接合后正面不露榫头，如图 4-15 所示。

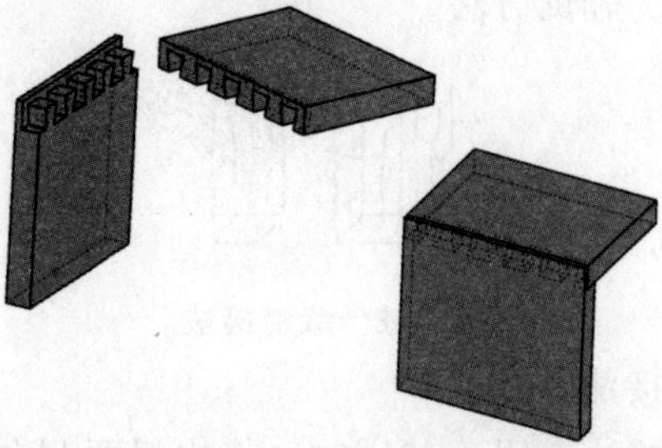

图 4-15　暗燕尾交接

1.4 板面拼合

(1) 胶黏法

采用胶黏法（图 4-16）时，胶合面必须刨直、刨平、对严，并注意年轮方向和木纹，木材含水率不应超过 15%。这种接法常用于门心板、箱、柜、桌面板、隔板的黏合。

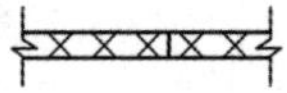

图 4-16 胶黏法示意

(2) 企口接法

采用企口接法（图 4-17）时，将木板两侧制成凸凹形状的榫槽，榫槽宽度约为板厚的 1/3。这种接法常用作地板、门板等的接合。

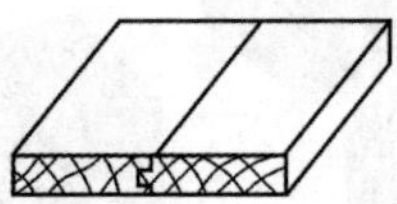

图 4-17 企口接法

(3) 栽钉接法

采用栽钉接法（图 4-18）时，将拼接木板相接两侧面刨直、刨平、对严，在相接触侧面对应位置钻出小孔，将两端尖锐的铁钉或竹钉栽入一侧木板的小孔中，上胶后对准另一木板的孔，轻敲木板侧面至密贴为止。这种接法的连接强度较低，常用胶黏法作为辅助方法。

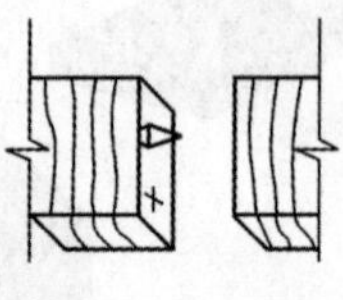

图 4-18 栽钉接法

(4) 裁口接法

采用裁口接法（图 4-19）时，将木板两侧左上右下裁口，使其相互搭接在一起。这种接法常用于木隔断、顶棚板的接合，也可用于木大门拼板。

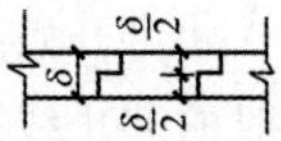

图 4-19 裁口接法

(5) 销接法

采用销接法（图 4-20）时，在相邻两块木板的平面上用硬木制成拉销，嵌入木板内，使两板接合起来，拉销的厚度不宜超过木板厚度的 1/3，如两面加拉销时，位置必须错开。这种接法常用作台面或中式木板门等较厚板的木板接合。

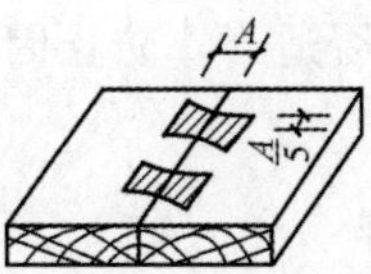

图 4-20 销接法

(6) 穿条接法

采用穿条接法（图 4-21）时，将相邻两板的拼接侧面刨平、对严、起槽，在槽中穿条连接相邻木板。这种接法常用于高级台面板、靠背板等较薄的工件上。

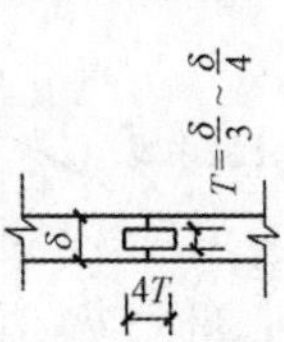

图 4-21 穿条接法

(7) 暗榫接法

采用暗榫接法（图 4-22）时，在木板侧面栽植木销，并将接触侧面刨直、对严，涂胶后将木销镶入销孔中。这种接法常用作台面板等较厚板的接合。

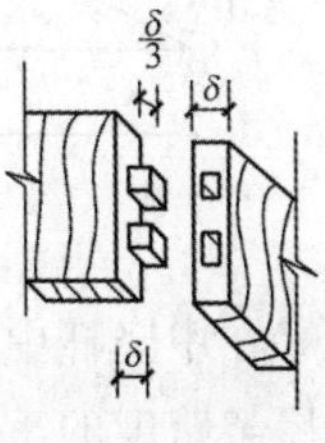

图 4-22 暗榫接法

1.5　拼板缝

①木料需充分干燥后，才可开始拼板缝操作。刨削时双手按刨，用力要均匀，刨削时的起止线要长，如在拼 2 m 左右的板时，全长推 2～3 刨就可将板缝刨直。板面之间拼合要均匀，拼缝要严密。

②拼合时应根据木板的薄厚，采取直拼（木板直立）或平拼（木板放平）。检查拼合面的木纹理方向是否一致，区分出木材的表面和里面，并画上标记。

③胶料接合时，涂胶后要用木卡或铁卡在木板的两面卡住，并注意卡的位置是否适当，防止因卡过紧或不均匀使木板弯曲。

1.6　木屋架放大样

①放大样时，先画出一条水平线，在水平线一端定出端节点中心，从此点开始在水平线上量取屋架跨度的一半定出一点，通过此点作垂直线，此线即为中竖杆的中线，如图 4-23 所示。

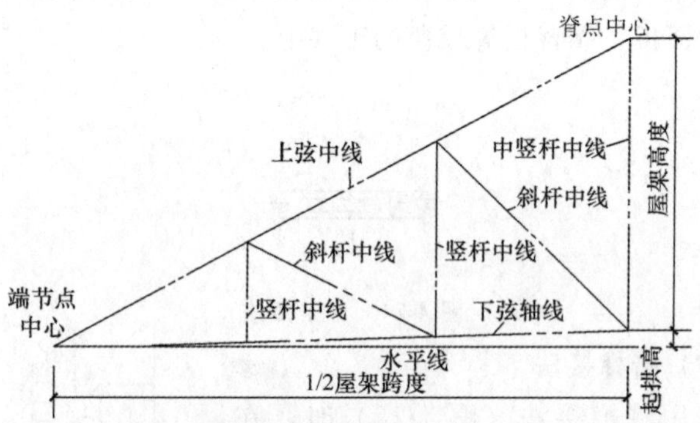

图 4-23　屋架各杆件中线

②在中竖杆中线上，量取屋架下弦起拱高度（起拱高度一般取屋架跨度的 1/200）及屋架高度，定出脊点中心。连接脊点中心和端节点中心，即为上弦中线。再从端节点中心开始，

在水平线上量取各节点长度，并作相应的垂直线，这些垂直线即为各竖杆的中线。

③竖杆中线与上弦中线相交点即为上弦中间节点中心。连接端节点中心和起拱点，即为下弦轴线（用原木时，下弦轴线即为下弦中线；用方木时，下弦轴线是端节点处下弦净截面中线）。下弦轴线与各竖杆中线相交点即为下弦中间节点中心。连接对应的上、下弦中间节点中心，即为斜杆中线。

④各杆件的中线和轴线放出后，再根据各杆件的截面高度(或宽度)，从中线和轴线向两边画出杆件边线。各线相交处要互相出头一些。对于原木屋架，各杆件直径以小头表示。在画杆件边线时，要考虑其直径的增大，一般每延 1 m 直径增大 8～10 mm。接着，要逐个画出各节点的详细构造及细部尺寸。

⑤大样画好后，要仔细校核一遍，检查各部分有无差错，如有差错要及时纠正。大样对设计尺寸的允许偏差见表 4-1。

表 4-1 大样对设计尺寸的允许偏差

屋架跨度/m	允许偏差/mm		
	跨度	高度	节点距离
≤15	±5	±2	±2
>15	±7	±3	±2

1.7 木屋架端节点的制作

(1) 单齿连接(图 4-24)

①画出上、下弦的中线。

②根据上、下弦的中线，分别画出上弦边线 1、2 和下弦边线 3、4；线 3 与上弦中线交于 b 点；线 2 与 3 交于 f 点。

③根据齿深，在下弦上画一条与下弦中线平行的齿深线。齿深线与上弦中线交于 a 点。

④过 ab 线的中点 ce 作上弦中线的垂线。该垂线与线 3 交于 d 点，与齿深线交于 e 点。

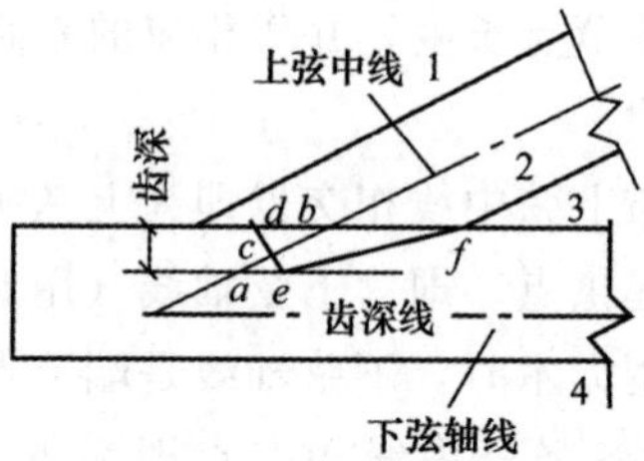

图 4-24 单齿放样

⑤连接 ef，则 def 所构成的图形即为单齿的位置和形状。

(2) 双齿连接(图 4-25)

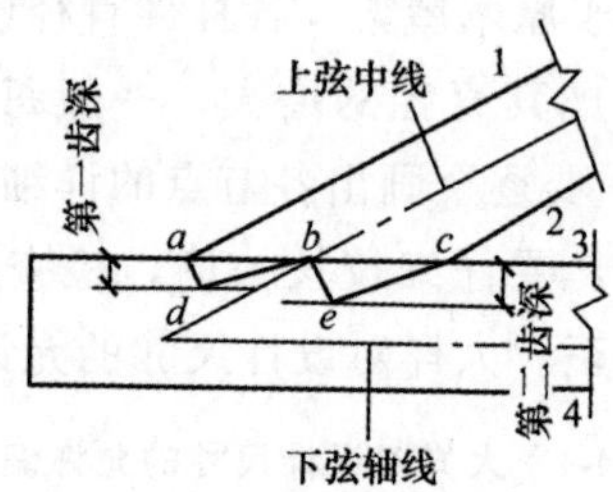

图 4-25 双齿放样

①按上述方法画出上、下弦中线，上弦边线 1、2 和下弦边线 3、4；线 3 分别与线 1 交于 a 点、与上弦中线交于 b 点、与线 2 交于 c 点。

②根据齿深画出第一齿深线、第二齿深线。

③过 a 点和 b 点作上弦中线的垂直，分别与齿深线交于 d 点和 e 点。

④连接 db、ec，则 $adbec$ 所构成的图形即是双齿的位置和形状。

1.8 木屋架构件制作

(1) 选材

屋架各杆件的受力性质不同，应选用不同等级的木材。斜杆是受压构件，应选用三等材；上弦是受压或抗弯构件，可选用三等材或二等材；下弦是受拉或抗弯构件，竖杆是受拉构件，均应选用一等材。

(2) 配料

配料时，要综合考虑木材的质量、长短、阔狭等情况，做到合理安排、避让缺陷。具体要求如下：

①对下弦木料，应将材质好的一端放在端节点；对上弦木料，应将材质好的一端放在下端。

②当上弦、下弦材料和断面相同时，应当把较好的木材用于下弦。

③对于微弯的原木，用作上弦时，应将弯背向下；用作下弦时，应将弯背向上。

④上弦和下弦杆件的接头位置应错开，下弦接头最好设在中部。如用原木时，大头应放在端节点一端。

⑤不得将有疵病的木料用于支座端节点的榫接合处。

(3) 制作

①在钻孔时，先将需要接合的杆件按正确位置叠合起来，并加以临时固定，然后用电钻一次钻透，以提高接合的紧密性。

②钻螺栓孔时，直径应比螺栓直径大 1 mm，每钻入50～60 mm 深后需要拔出钻头清理木渣。

③对于脱力螺栓，其螺栓孔的直径可比螺栓直径略大1～3 mm，以便于安装。

④所有齿槽接合面必须平整、严密，接合面凹凸倾斜不大于 1 mm，弦杆接头处要锯齐锯平。

1.9 木屋架构件拼装

①在下弦杆端部底面，钉上附木。根据屋架跨度，在两端头和中央位置分别放置垫木。

②将下弦杆放在垫木上，在两端端节点中心上拉通长麻线。然后调整中央位置垫木下的木楔对准拔榫，并用尺量取起

拱高度，直至起拱高度符合要求为止。最后用钉将木楔固定，注意不要钉死。

③安装两根上弦杆。找准脊节点位置，两侧用临时支撑固定。然后画出脊节点钢板的螺栓孔位置。钻孔后，用钢板、螺栓将脊节点固定。

④把各竖杆串装进去，初步拧紧螺帽。

⑤将斜杆按顺序装入，齿槽互相抵紧，经检查无误后，再把竖杆两端的螺帽进一步拧紧。

⑥在中间节点处两面钉上扒钉，扒钉装钉要保证弦杆、腹杆连接牢固，且不开裂。注意端节点无保险螺栓或脊节点无连接螺栓时，也应钉扒钉。对于易裂的木材，钉扒钉前应预先钻孔，孔径取钉径的 0.8～0.9 倍，孔深应不小于钉入深度的 0.6 倍。

⑦受压接头的承压面与构件的轴线垂直锯平，不应采用斜搭接头，如图 4-26 所示。

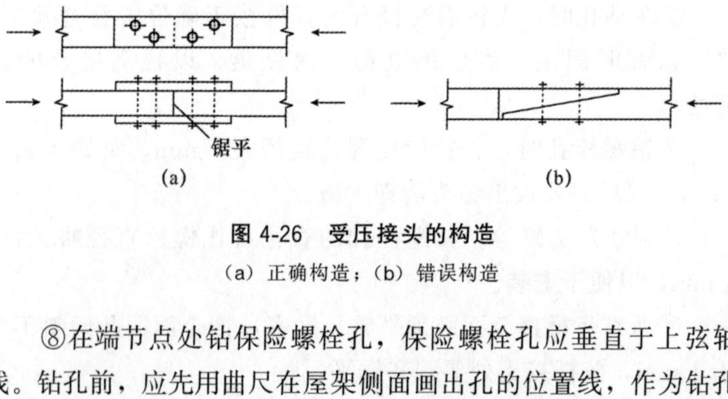

图 4-26　受压接头的构造

(a) 正确构造；(b) 错误构造

⑧在端节点处钻保险螺栓孔，保险螺栓孔应垂直于上弦轴线。钻孔前，应先用曲尺在屋架侧面画出孔的位置线，作为钻孔时的引导，确保孔位准确。钻孔后，即穿入保险螺栓并拧紧螺帽。

受拉、受剪和系紧螺栓的垫板尺寸，应符合设计要求，注意不得用两块或多块垫板来达到设计要求的厚度。各竖钢杆装配完毕后，螺杆伸出螺帽的长度不应小于螺栓直径的 0.8 倍，不得将螺帽与螺杆焊接或砸坏螺栓端头的丝扣。中竖杆直径不小于 20 mm 的拉杆，必须戴双螺帽以防其退扣。

⑨圆钢拉杆应平直，用双帮条焊接，不应采用搭接焊。帮条直径不应小于拉杆直径的 0.75 倍，帮条在接头一侧的长度宜为拉杆直径的 4 倍。当采用闪光对焊时，对焊接头应经过冷拉检验。

⑩采用钉连接施工时，钉的直径、长度和排列间距应符合设计要求。钉的直径大于 6 mm 或采用易劈裂的树种木材时，应预先钻孔。孔径取钉径的 0.8～0.9 倍，深度应不小于钉入深度的 0.6 倍。

⑪受拉螺栓、圆钢拉杆的钢垫板尺寸应符合设计规定。

⑫在拼装过程中，如有不符合要求的地方，应随时调整或修改。

⑬在加工厂加工试拼的桁架，应在各杆件上用墨或油漆编号，以便拆卸后运至工地，在正式安装时不致搞错。在工地直接拼装的桁架，应在支点处用垫木垫起，垂直竖放，并用临时支撑支住，不宜平放在地面上。

1.10 安装木屋架

(1) 准备工作

①墙顶上如果是木垫块，则应用焦油沥青涂刷其表面，以作防腐。

②清除保险螺栓上的脏物，检查其位置是否准确，如有弯曲要及时校直。

③将已拼好的屋架进行吊装就位。

(2) 放线

在墙上测出标高，然后找平，并弹出中心线位置。

(3) 加固

起吊前必须用木杆将上弦水平加固，保证其在垂直平面内的刚度，如图 4-27 所示。

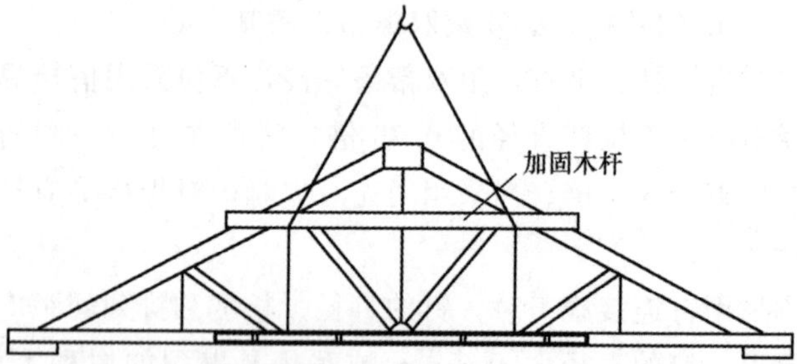

图 4-27 屋架加固直吊

(4) 起吊

①吊装用的一切机具、绳、钩必须事先检查后方可使用，起吊时应由有经验的起重工指挥。

②当屋架吊离地面 300 mm 后，应停车进行检查，没有问题才可继续施工。

③屋架两头绑上缆绳，以控制起吊时屋架的晃动。

④起吊到安装位置上方，对准锚固螺栓，将屋架徐徐放下，使锚固螺栓穿入孔中，屋架放落到垫块上。

(5) 安装(图 4-28)

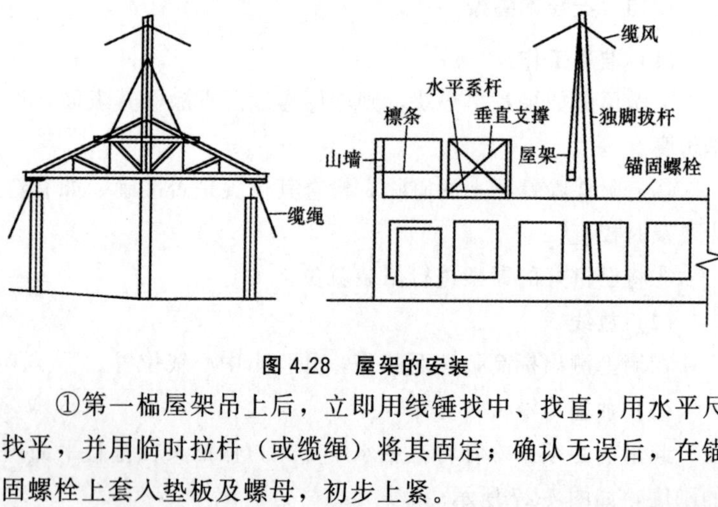

图 4-28 屋架的安装

①第一榀屋架吊上后，立即用线锤找中、找直，用水平尺找平，并用临时拉杆（或缆绳）将其固定；确认无误后，在锚固螺栓上套入垫板及螺母，初步上紧。

②从第二榀屋架起，应在安装的同时，在屋架之间钉上檩条。两屋架间至少钉三根檩，尤其是脊檩部分。

(6) 设置支撑

为了防止屋架侧倾，保证受压弦杆的侧向稳定，符合设计要求，应在屋架之间设置垂直支撑、水平系杆和上弦横向支撑（图 4-29）。

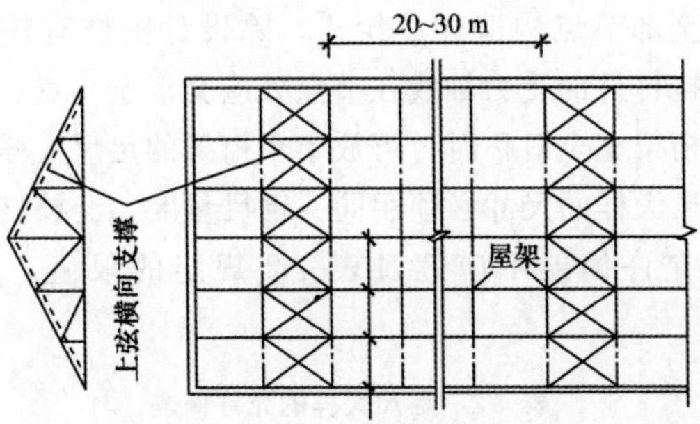

图 4-29　上弦横向支撑

(7) 固定

屋架安装完毕后，应将屋架端头的锚固螺栓和螺母全部上紧。

1.11　桁架的制作

(1) 构造要求

①受拉下弦接头应保证轴心传递拉力，下弦接头不宜多于 2 个，接头应锯平对接，并宜采用螺栓和木夹板连接。

当采用螺栓夹板连接时，接头每端的螺栓不宜小于 6 个，且不应排列成单行。当采用木夹板时，应选用优质的干木材制作，其厚度不应小于下弦宽度的 1/2。若桁架跨度较大，木夹板的厚度不应小于 100 mm，钢夹板的厚度不应小于 6 mm。

②桁架上弦的受压接头应设在节点附近，并不宜设在支座节间和脊节间内。受压接头应锯平对接，并应用木夹板连接；在接缝每侧至少应用 2 个螺栓系紧。木夹板的厚度宜取上弦宽

度的1/2，长度宜取上弦宽度的5倍。

③若桁架支座节点采用齿连接，应使下弦的受剪面避开木材髓心，并在施工图上注明。

(2) 放大样

①桁架的起拱高度应按设计图样确定，若设计无明确要求，起拱高度可取跨度的1/200，然后按此确定其他尺寸。

②将全部节点构造详尽绘入，除设计图样有特殊要求者外，各结构杆件的受力轴线在节点处应交汇于一点。

③当桁架完全对称时，可放半个桁架的足尺大样。

④足尺大样的尺寸必须用同一钢尺量度，经校核后，对设计尺寸的允许偏差不应超过表4-2规定的限值，方可套制样板。

表4-2 足尺大样的允许偏差

结构跨度/m	跨度偏差/mm	结构高度偏差/mm	节点间距偏差/mm
≤15	±5	±2	±2
＞15	±7	±3	±2

⑤结构构件的样板应用木纹平直、不易变形且含水率不大于18%的板材制作，样板对足尺大样的允许偏差不应大于±1 mm，经检验合格后方准使用，在使用中，应防止受潮或损坏。

⑥按样板制作的构件其长度的允许偏差不应大于±2 mm。

(3) 桁架的制作

①桁架选型可根据具体条件确定，并宜采用静定的结构体系。当桁架跨度较大或使用湿材时，应采用钢木桁架；对跨度较大的三角形原木桁架，宜采用不等节间的桁架形式。采用木檩条时，桁架间距不宜大于4 m；采用钢木檩条或胶合木檩条时，桁架间距不宜大于6 m。

②桁架中央高度与跨度之比，不应小于图4-30的数值。

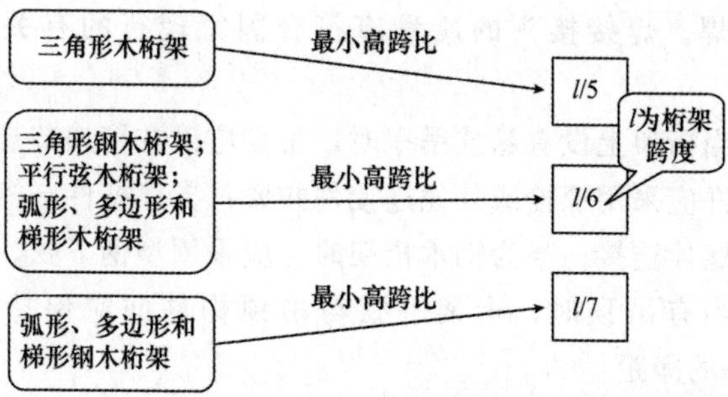

图 4-30　桁架最小高跨比

③桁架制作应按其跨度的 1/200 起拱。

④受拉下弦接头应保证轴心传递拉力；下弦接头不宜多于两个；接头应锯平对正，宜采用螺栓和木夹板连接。

⑤采用螺栓夹板连接时，接头每端的螺栓数由计算确定，但不宜少于 6 个，且不应排成单行；当采用木夹板时，应选用优质的气干木材制作，其厚度不应小于下弦宽度的 1/2；若桁架跨度较大，木夹板的厚度不宜小于 100 mm；当采用钢夹板时，其厚度不应小于 6 mm。

⑥桁架上弦的受压接头应设在节点附近，并不宜设在支座节间和脊节间内；受压接头应锯平，可用木夹板连接，但接缝每侧至少应有两个螺栓系紧；木夹板的厚度宜取上弦宽度的 1/2，长度宜取上弦宽度的 5 倍。

⑦支座节点采用齿连接时，应使下弦的受剪面避开髓心，并应在施工图中注明此要求。

⑧钢木桁架的下弦，可采用圆钢或型钢。当跨度较大或有振动影响时，宜采用型钢。圆钢下弦应设有调整松紧的装置。

当下弦节点间距大于 250d（d 为圆钢直径）时，应对圆钢下弦拉杆设置吊杆。

杆端有螺纹的圆钢拉杆，当直径大于 22 mm 时，宜将杆端加粗（如焊接一段较粗的短圆钢），其螺纹应由车床加工。

圆钢应调直，需接长时宜采用对接焊或双帮条焊，不得采用搭接焊。焊接接头的质量应符合国家现行的有关标准的规定。

⑨当桁架上设有悬挂吊车时，吊点应设在桁架节点处；腹杆与弦杆应采用螺栓或其他连接件扣紧；支撑杆件与桁架弦杆应采用螺栓连接；当为钢木桁架时，应采用型钢下弦。

⑩当有吊顶时，桁架下弦与吊顶构件间应保持不小于100 mm的净距。

⑪抗震设防烈度为 8 度和 9 度地区的屋架抗震构造，钢木屋架宜采用型钢下弦，屋架的弦杆与腹杆宜用螺栓系紧，屋架中所有的圆钢拉杆和拉力螺栓，均应采用双螺帽。屋架端部必须用不小于 ϕ20 的锚栓与墙、柱锚固。

1.12 桁架的安装

(1) 接头施工

①桁架上弦、下弦接头的位置，所采用的螺栓直径、数量及排列间距均应按图施工。受拉构件端部布置螺栓的区段及其连接板的木节子尺寸的限值应符合《木结构工程施工质量验收规范》(GB 50206—2012) 的规定，螺栓排列应避开木材髓心。

②受压接头的承压面应与构件的轴线垂直锯平，不应采用斜搭接头，如图 4-31 所示。

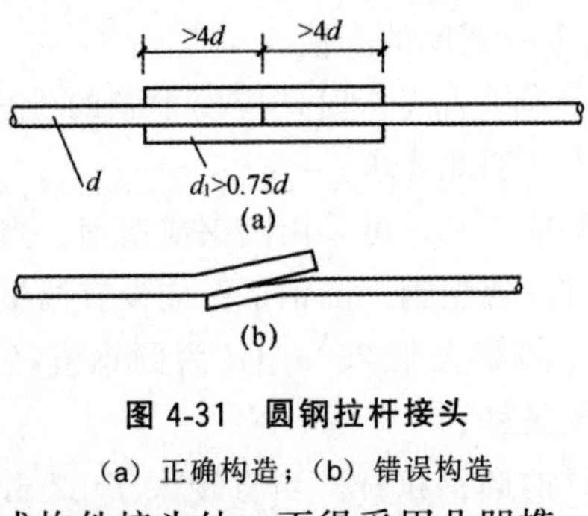

图 4-31　圆钢拉杆接头

(a) 正确构造；(b) 错误构造

③齿连接或构件接头处，不得采用凸凹榫。

④采用木夹板螺栓连接的接头及用螺栓拼合的木构件钻孔

时，应按设计的要求，将各部分定位并临时固定，然后用电钻一次钻通。受剪螺栓的孔径不应大于螺栓直径 1 mm，系紧螺栓的孔径可大于螺栓直径 1～3 mm。

(2) 螺栓和垫板施工

①木结构中所用钢件应符合设计的要求。钢件的连接均应用电焊，禁止用气焊或锻接。钢件在焊接前应做除锈处理，并涂抹防锈油漆。

②受拉、受剪和系紧螺栓的垫板尺寸应符合设计要求，并不得用两块或多块垫板来达到设计厚度。

③下列受拉螺栓必须戴双螺母：钢木桁架的圆钢下弦；桁架的主要受拉腹杆；受振动荷载的拉杆；直径等于或大于 20 mm的拉杆。

受拉螺栓装配完毕后，螺栓伸出螺母的长度不应小于 $0.8d$。

④圆钢拉杆应平直，用双绑条焊连接，不应采用搭接焊。绑条直径应不小于拉杆直径的 0.75 倍，绑条在接头一侧的长度宜为拉杆直径的 4 倍。当采用闪光对焊时，对焊接头应经冷拉检验。

⑤钉的直径、长度和排列间距应符合设计要求。当钉的直径大于 6 mm 时，或当采用易劈裂的树种木材时均应预先钻孔，孔径取钉径的 0.8～0.9 倍，深度应不小于钉入深度的 0.6 倍。扒钉直径宜取 6～10 mm。

(3) 拼装桁架

①在平整的地上先放好垫木，把下弦杆在垫木上放稳，然后按照起拱高度将中间垫起、两端固定，再在接头处用夹板和螺栓夹紧。

②下弦拼接好后，即安装中柱，两边用临时支撑固定，再安装上弦杆。

③最后安装斜腹杆，从桁架中心依次向两端进行，然后将

各拉杆穿过弦杆，两头加垫板，拧上螺母。

④如无中柱而是用钢拉杆的，则先安装上弦杆，而后安装斜杆，最后将拉杆逐个装上。

⑤各杆件安装完毕并检查合格后，再拧紧螺母，钉上扒钉等铁件，同时在上弦杆上标出檩条的安放位置，钉上三角木。

⑥在拼装过程中，如有不符合要求的地方，应随时调整或修改。

⑦在加工厂加工试拼的桁架，应在各杆件上用油漆（或墨）编号，以便拆卸后运至工地，在正式安装时不致搞错。在工地直接拼装的桁架，应在支点处用垫木垫起，垂直竖立，并用临时支撑支牢，不宜平放在地面上。

1.13 装钉檀条

(1) 搭接长度

每根檀条配料长度等于屋架间距加一个上弦宽度。

(2) 断面尺寸及其间距

檩条的断面尺寸及其间距，应按施工图的要求设置。

一榀屋架斜面上所需檩条的根数＝2×(屋脊顶至屋檐口端之长/施工图中要求的檩条斜向设置间距)＋1。

如果上式计算所得不是整数，则将小数点后的数值删去加1，以满足檩条间距不大于规定尺寸。

(3) 施工要点

①檩条的选择，必须符合承重木结构的材质标准。

②檩条如有弯曲应使凸面朝向屋脊（或朝上）。

③屋脊檩条必须选用好料，带疤楞等缺陷的檩条，且缺陷在允许范围内时，一般用于檐檩。

④装钉檩条应从檐口处开始，平行地向屋脊进行，各根檩条紧靠檩托，与上弦相交处都要用钉子钉住。

⑤檩条支承在砖墙上时，应在支承位置处放置木垫块或混凝土垫块，木垫块要做防腐处理，檩条搁置在垫块上，如图 4-

32 所示。

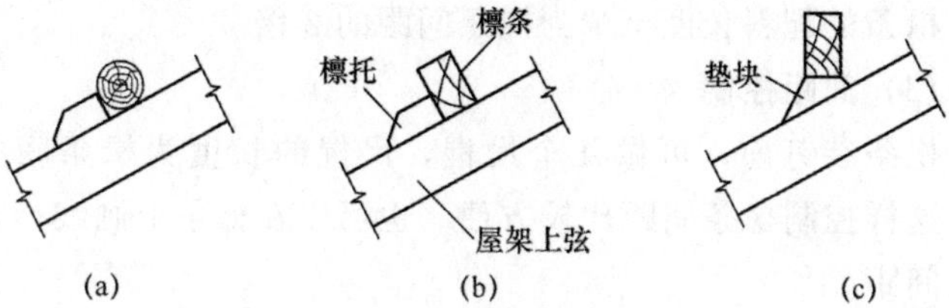

图 4-32　檩条搁置方式

⑥料选好后，进行找平、找直，加工开榫，分类堆放。

⑦檩条与屋架交接处，需用三角托木（爬山虎）托住，每个托木至少用两个 100 mm 长的钉子钉牢在上弦上。

⑧有挑檐木者，必须在砌墙时将挑檐木放上，并用砖压砌稳固。

⑨檐口檩条留到最后钉，以免钉坡面檩条时运料不便。

⑩檩条挑出山墙部分应按出檐宽度弹线锯齐。

⑪安好后的檐檩条，所有上表面应在同一平面上。如设计有特殊要求者，应按设计画出曲度。

⑫檩条距离烟囱不得小于 300 mm，必要时可做拐子，防火墙上的檩条不得整根跨越通过。

⑬檩条必须按设计要求正放（单向弯曲）或斜放（双向弯曲）。

1.14　装钉椽条

(1) 一般规定

①椽条应按设计要求选用方椽或圆椽，其间距应按设计规定放置。

②椽条应连续通过两跨檩距，并用钉子与檩条钉牢。

③椽条端头在檩条上应互相错开，不得采用斜搭接的形式。

④采用圆椽或半圆椽时，檩条的小头应朝向屋脊。

(2) 配料

椽条的配料长度至少为檩条间距的 2 倍。

(3) 间距控制

椽条装钉前，可做几个尺棍，尺棍的长度为椽条间的净距，这样控制椽条间距比较方便。也可以在檩条上画线，控制椽条间距。

(4) 装钉操作

椽条装钉应从房屋一端开始，每根椽条与檩条要保持垂直，与檩条相交处必须用钉子钉住，椽条的接头应在檩条的上口位置，不能将接头悬空。椽条间距应均匀一致。椽条在屋脊处及檐口处应弹线锯齐。椽条装钉后，要求坡面平整，间距符合要求。

1.15 屋面的铺钉

(1) 平瓦屋面木基层

①基本构造是在屋架上铺设檩条，檩条上铺屋面板（或钉椽条），屋面板上铺油毡、顺水条、挂瓦条等，如图 4-33 所示。

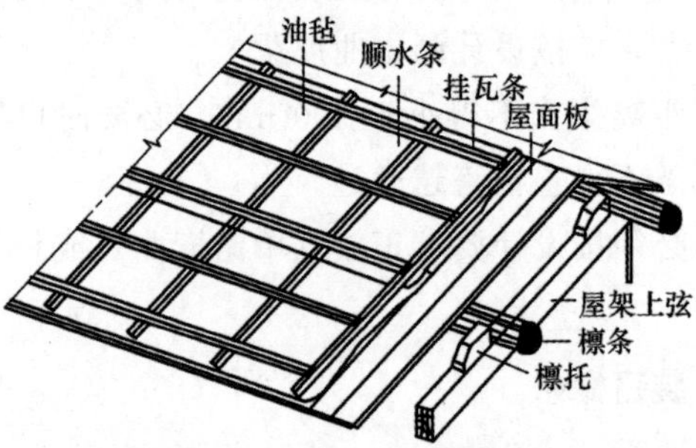

图 4-33 平瓦屋面木基层

②檩条用原木或方木，其断面尺寸及间距依计算而定，一般常用简支檩条，其长度仅跨过一屋架间距，如图 4-34 所示。檩条长度方向应与屋架上弦相垂直，檩条要紧靠檩托。但方檩条有斜放和正放两种形式，其中正放者不用檩托，另用垫块垫平，如图 4-35 所示。

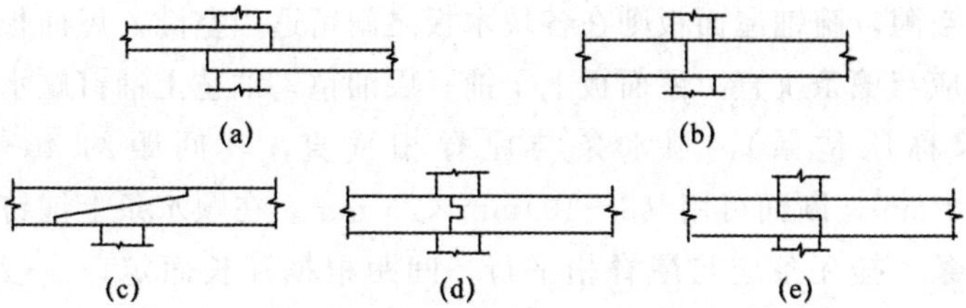

图 4-34 简支檩条的构造

(a) 有足够的支承长度，施工简便，应用最多，但不能用作脊檩；
(b) 支承处承压面很难满足要求，不宜用在屋架上弦上；
(c) 操作比较费事，一般不常采用；(d) 一般用于屋脊部分；
(e) 一般用于屋脊部分

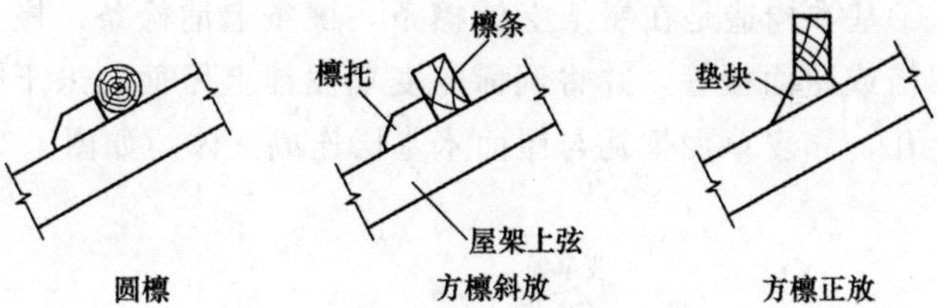

图 4-35 檩条搁置方式

③檩条在屋架上弦的接头，如上弦较宽，可采用对头接头；如上弦较窄，可采用交错搭接或上下斜搭接，如图 4-36 所示。

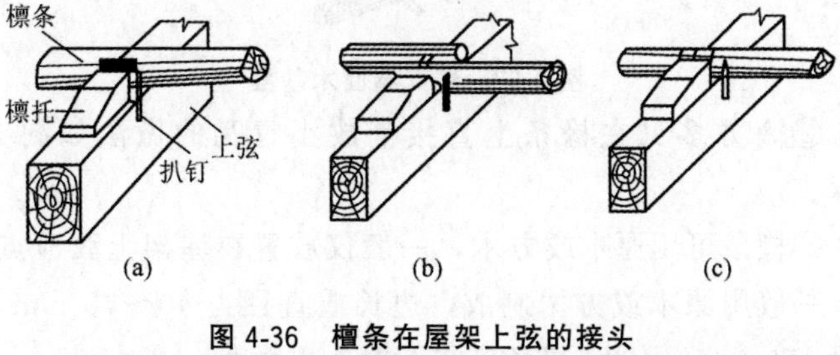

图 4-36 檩条在屋架上弦的接头

(a) 檩条对头接头；(b) 檩条交错搭接；(c) 檩条上下斜搭接

④屋面板一般用厚度为 15～20 mm 的松木或杉木板，有密铺和疏铺两种。密铺屋面板是将各块木板相互排紧，其间不

留空隙，疏铺屋面板则在各块木板之间留适当空隙。屋面板方向应与檩条垂直。屋面板上干铺一层油毡，油毡上铺钉顺水条（又称压毡条），顺水条与屋脊相垂直，其间距约 400～500 mm，断面可用 (8～10)mm×25 mm。在顺水条上铺钉挂瓦条，挂瓦条应与屋脊相平行，间距根据瓦长而定，一般在 280～320 mm 之间，断面可用 20 mm×25 mm。

⑤若屋面木基层不用屋面板，则垂直于檩条设置椽条，常见的以方木居多。如采用原木时，原木的小头应朝向屋脊，顶面砍削平整。

(2) 青瓦屋面木基层

①基本构造是在屋架上铺檩条，檩条上铺椽条，椽条上铺苇箔或屋面板等，并将调稀的麦草泥铺上屋面，未干时即盖上瓦，靠麦草泥把瓦与屋面木基层连成一体，如图 4-37 所示。

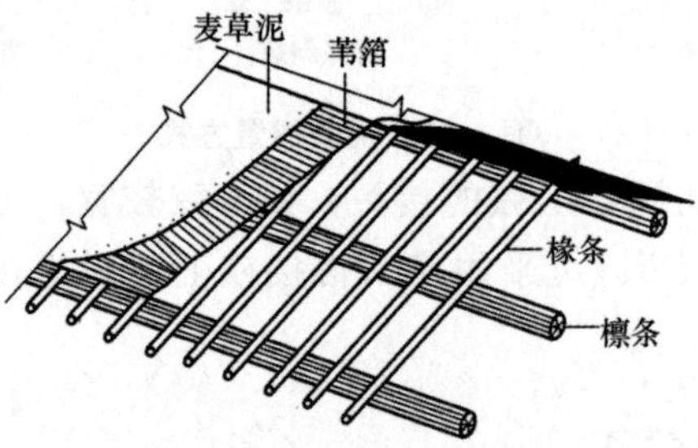

图 4-37 青瓦屋面木基层

②南方多见在椽条上直接铺放小青瓦的做法如图 4-38 所示。

③檩条可用原木或方木，一般仅放置在屋架上弦节点上。椽条一般用原木或方木制成，边长或直径为 40～70 mm，间距为 150～400 mm。椽条应与下檩条相垂直。

(3) 封檐板与封山板

①在平瓦屋面的檐口部分，往往是将附木挑出，各附木端

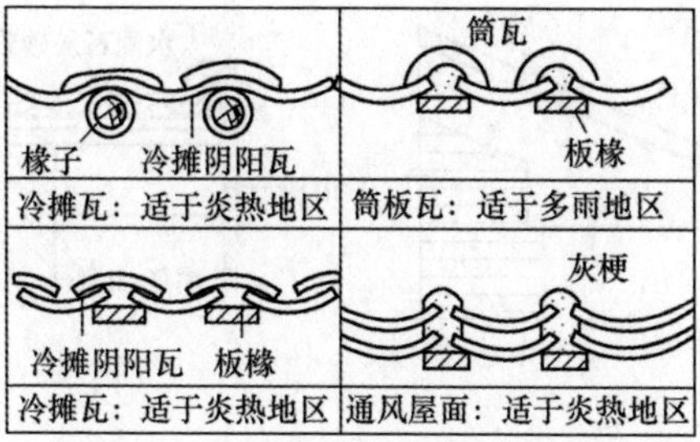

图 4-38 南方常见小青瓦铺法

头之间钉上檐口檩条，在檐口檩条外侧钉有通长的封檐板，如图 4-39 所示。封檐板可用宽 200～250 mm、厚 20 mm 的木板制作。

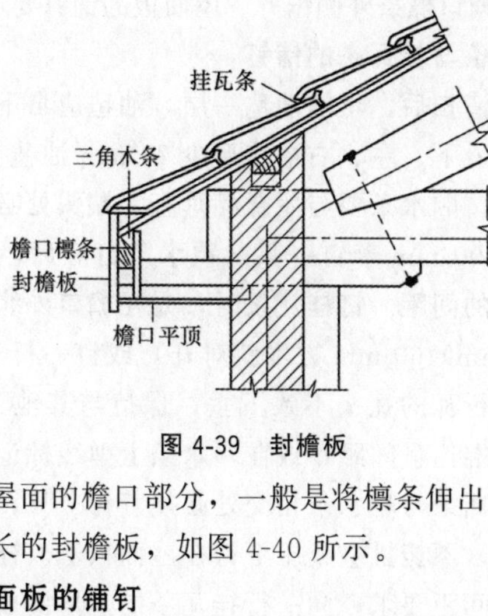

图 4-39 封檐板

②青瓦屋面的檐口部分，一般是将檩条伸出，在檩条端头处也可钉通长的封檐板，如图 4-40 所示。

(4) 屋面板的铺钉

屋面板所采用的木板，其宽度不宜大于 150 mm，过宽容易使木板发生翘曲。如果是密铺屋面板，则每块木板的边棱要锯齐，开成平缝、高低缝或斜缝；疏铺屋面板，则木板的边棱不必锯齐，留毛边即可。屋面板的铺钉宜从房屋中央开始分两边同时进行，但也可从一端开始铺钉。屋面板要与檀条相互垂直，其接头应在檩条位置，每段接头的延续长度应不大于 1.5 m，各

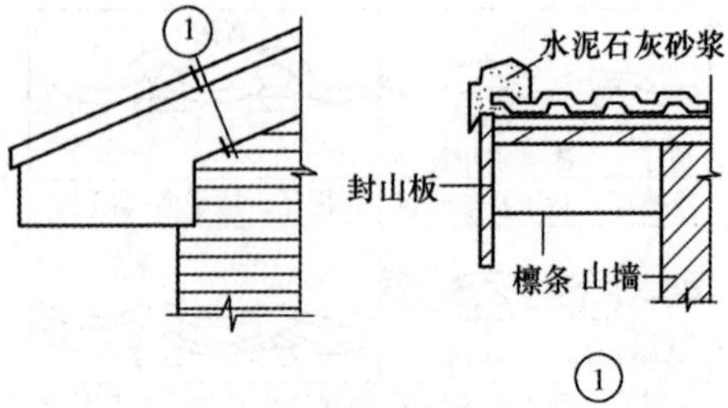

图 4-40　封山板

段接头应相互错开。屋面板与檩条相交处应用两只钉钉住。密铺屋面板接缝要排紧；疏铺屋面板板间空隙应不大于板宽的1/2，也应不大于 75 mm。屋面板在屋脊处要弹线锯齐，檐口部分屋面板应沿檐口檩条外侧锯齐。屋面板的铺钉要求板面平整。

(5) 顺水条与挂瓦条的铺钉

屋面板经清扫后，干铺油毡一层，油毡应自下而上平行于屋脊铺设，上、下、左、右搭接至少 70 mm 油毡。铺一段后，随即钉顺水条，顺水条要与屋脊相垂直，端头处必须着钉，中间约隔 400～500 mm 着钉一只。顺水条钉好后，按照瓦的长度决定挂瓦条的间距。钉挂瓦条时，先在檐口外缘钉一行三角木条（用 40 mm×60 mm 方木斜对开）或钉一行双层挂瓦条，这样可使第一行瓦的瓦头不致下垂，保持与其他瓦倾角一致。然后，用一尺棍比量间距，或在顺水条上弹线标记，自下而上逐行铺钉，挂瓦条与顺水条相交处必须着钉一只，挂条的接头应在顺水条上，不能挑空或压下钉在屋面板上。挂瓦条要求钉得整齐，符合间距要求，同一行挂瓦条的上口要成直线。

(6) 封檐板与封山板的装钉

封檐板与封山板要求选择平直的木板，为了防止其翘曲变形，可在背面铲两道凹槽，凹槽宽约 8～10 mm，深约 1/3 板厚，槽距约 100 mm，也可在其背面每隔 1 m 左右钉上拼条。封檐板与封山板的接头处应预先开成企口缝或燕尾缝。封檐板用明钉钉于檐口檩条外侧，板的上边与三角木条顶面相平，钉帽砸扁冲入板内。封山板钉于檩条端头，板的上边与挂瓦条顶面相平。如果檐口处有吊顶，应使封檐板或封山板的下边低于檐口吊顶 25 mm，以防雨水浸湿吊顶。封山板接头应在檩条端头中央。

封檐板要求钉得平整，板面通直。封山板的斜度要与屋面坡度相一致，板面通直。

1.16 木结构防火

（1）防火要求

①防火要求。

木结构采用的建筑材料，其燃烧性能的技术指标应符合《建筑材料难燃性试验方法》（GB/T 8625—2005）的规定。

②防火限值。

木结构建筑不应超过 3 层。不同层数建筑最大允许长度和防火分区面积不应超过图 4-41 的规定。

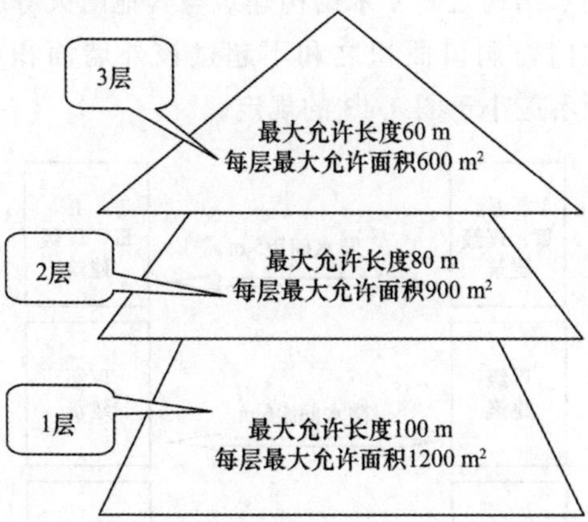

图 4-41　木结构建筑的层数、长度和面积

（2）防火间距

①木结构建筑之间、木结构建筑与其他耐火等级的建筑之间的防火间距不应小于图 4-42 的规定。

②两座木结构建筑之间、木结构建筑与其他结构建筑之间

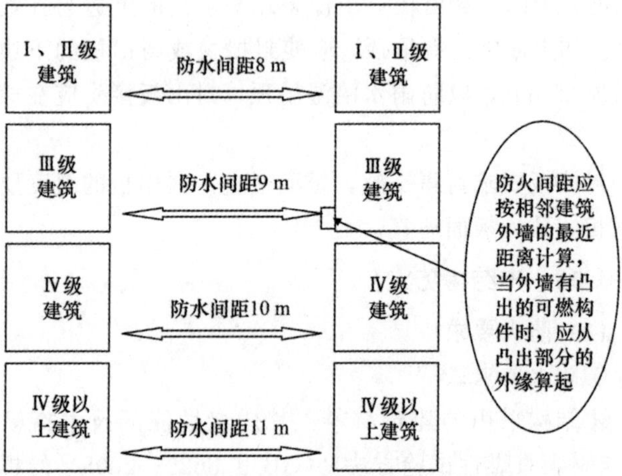

图 4-42　木结构建筑的防火间距

的外墙均无任何门窗洞口时，其防火间距不应小于 4 m。

③两座木结构之间、木结构建筑与其他耐火等级的建筑之间，外墙的门窗洞口面积之和不超过该外墙面积的 10％时，其防火间距不应小于图 4-43 的规定。

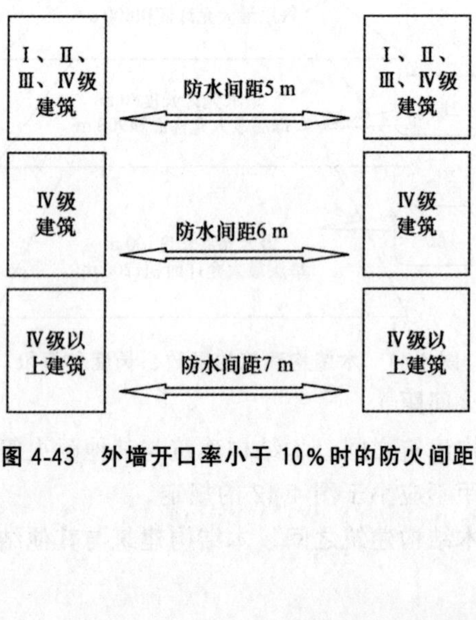

图 4-43　外墙开口率小于 10％时的防火间距

2 模板施工技术

2.1 配置模板

(1) 模板的配制方法

①按图样尺寸直接配制模板。

形体简单的结构构件，可根据结构施工图样，直接按尺寸列出模板规格和数量进行配制。

②放大样方法配制模板。

形体复杂的结构构件，如楼梯、圆形水池等结构模板，可采用放大样的方法配制模板。

③按计算方法配制模板。

形体复杂的结构构件，尤其是一些不易采用放大样且又有规律的几何形体，可以采用计算方法。或用计算方法结合放大样的方法，进行模板的配制。

④结构表面展开法配制填板。

有些形体复杂的结构构件，如设备基础，是由各种不同的形体组合成的复杂体，可以画出模板平面图和展开图，再进行配模设计和模板制作。

(2) 模板的配制要求

①木模板及支撑系统所用的木材，不得有脆性、严重扭曲和受潮后容易变形的木材。

②木模厚度。侧模一般可采取 20～30 mm 厚，底模一般可采取 40～50 mm 厚。

③木板条应将拼缝处刨平刨直，模板的木挡也要刨直。

④钉子长度应为木板厚度的 1.5～2 倍，每块木板与木挡相叠处至少钉 2 个钉子。

⑤混水模板正面高低差不得超过 3 mm；清水模板安装前应将模板正面刨平。

⑥配制好的模板应在反面编号并写明规格，分别堆放保管，以免错用。

(3) 配制木模板

①配制侧板。侧板是模板的立放板，它只承受混凝土的侧向压力，并挡住混凝土浆不向两侧渗漏，因此它要比底板薄一些。侧板一般用 30 mm 厚的木板拼制。板边接缝找平刨直，并尽可能裁口搭接，使接缝严密，防止跑浆。侧板木挡为 50 mm×50 mm 的方木，木挡的中心距为 400～500 mm。

侧板两端要有木挡。钉从木板向木挡钉进，同一木挡每块板上钉子不能少于 2 个，钉长为木板厚的 2～2.5 倍。

若混凝土构件侧面为弧面，可制作弓形木挡配直窄条木板组成模板侧板。

②配制底板。模板的底板要承受模板自重、混凝土的质量和施工浇捣的冲击载荷，因此它要结实耐用。底板一般用 50 mm厚的木板。底板的净尺寸和混凝土构件底面净尺寸相同。它的背面可以钉木挡，也可以钉在支撑系统的杆件上。

木模板应采用受干湿作用变形小、容易钉进钉子和韧性好的木材，一般常用红松、樟子松、杉木、水杉等树种锯制。

③配制木顶撑及木楔。木顶撑是模板工程中的承重部件，它要承受和传递施工中加在模板上的全部载荷及施工人员和设备的质量，如图 4-44 所示。它由一根 100 mm×100 mm 的方木（或直径 120 mm 以上的原木）和一根断面为 50 mm×100 mm 的方木横担及两根斜拉撑钉成。立柱两端应平齐，横担应平直，横担与立柱垂直。横担、立柱、斜拉撑之间的交汇点至少要钉两个铁钉，钉长应不小于其中一个杆件厚的 2～2.5 倍。横担的长度约等于模板底板宽度的 3 倍左右，以能够牢固地支撑侧板为宜。

木顶撑的总长＝梁底标高－模板底板厚度－楼层地面标高－(垫板厚度＋木楔厚度)

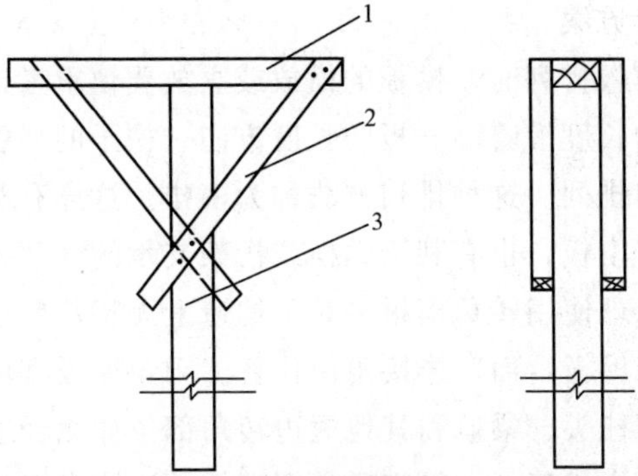

图 4-44　木顶撑

1—横担；2—斜拉撑；3—立柱

斜撑应利用现场的短头料因地制宜地配制，但必须具有足够的强度，以使木顶撑形状稳定。木楔是支撑时调整底板高度不可缺少的部件，支模前要配制好足够用的木楔。木楔用 50 mm×100 mm 的小短方料套裁。

④其他支模部件如搁栅、牵杠、夹木、搭头木等，按设计尺寸和用量备足，现场现配现用。

⑤模板配制后，不同部位的模板要进行编号，注明构件名称或代号，分别堆放。备用的木板要进行遮盖保护。

⑥配制常备式标准化定型木模板时，每块模板所用的板材、横挡和框材的断面厚度应一致，以利于安装组合使用。

(4) 配制组合钢模板

①尽可能选用 P3015 或 P3012 钢模板为主板，其他规格的钢模板作为拼凑模板之用。这样可减少拼接，节省工时和配件，增强整体刚度，拆模也方便。

②配板时，应以长度为 1500 mm、1200 mm、900 mm、750 mm，宽度为 300 mm、200 mm、150 mm、100 mm 等规格的平面模板为配套系列，这样基本上可配出以 50 mm 为模数的模板。在实际使用时，个别部位不能满足的尺寸可以用少量木材拼补。同时，应对多方案进行比较，择优选用拼木面积

较小的布置方案。

③钢模板排列时，模板的横放或立放要慎重考虑。一般应以钢模板的长度沿着墙、板的长度方向、柱子的高度方向和梁的长度方向排列。这种排列方法称为横排。这样有利于使用长度较大的钢模板，也有利于钢楞或桁架支承的合理布置。

④要合理使用转角模板，对于构造上无特殊要求的转角可以不用阳角模板，而用连接角模代替。阳角模板宜用在长度大的转角处。柱头、梁口和其他短边转角部位如无合适的阴角模板也可用方木代替。一般应避免钢模板的边肋直接与混凝土面相接触，以利于拆模。

⑤绘制钢模板配板图时，尺寸要留有余地。一般 4 m 以内可不考虑。超过 4 m 时，每 4～5 m 要留 3～5 mm，调整的办法大多采用木模补齐，或安装端头时统一处理。

⑥钢模板的支承跨度。钢模板端头缝齐平布置时，一般每块钢模应有两个支承点。当荷载在 50 kN/m^2 以内时，支承跨度不大于 750 mm。

钢模板端头缝错开布置时，支承跨度一般不大于主规格钢模板长度的 80%，计算荷载应增加一倍。

⑦钢楞的布置。内钢楞的配置方向应与钢模板的长度方向相垂直，直接承受钢模板传递来的荷载，其间距按荷载确定。为安装方便，荷载在 50 kN/m^2 以内，钢楞间距常采用固定尺寸 750 mm。钢楞端头应伸出钢模板边肋 10 mm 以上，以防止边肋脱空。

外钢楞承受内钢楞传递的荷载，加强钢模板结构的整体刚度并调整平直度。

⑧支柱和对拉螺栓的布置。钢模板的钢楞由支柱或对拉螺栓支承，当采用内外双重钢楞时，支柱或对拉螺栓应支承在外钢楞上。为了避免和减少在钢模上钻孔，可采用连接板式钢拉杆来代替对拉螺栓。同时为了减少落地支柱数量，应尽量采用

桁架支模。

在支承系统中，对连接形式和排架形式的支柱应适当配置水平撑和剪刀撑，以保证其稳定性。水平撑在柱高方向的间距一般不应大于 1.5 m。

(5) 配制胶合板模板

①按设计图样尺寸直接配制模板。形体简单的结构构件，可根据结构施工图样直接按尺寸列出模板规格和数量进行配制。模板厚度、横挡及楞木的断面和间距以及支撑系统的配置，都可按支承要求通过计算选用。

②采用放大样方法配制模板。形体复杂的结构构件，如楼梯、圆形水池等，可在平整的地坪上，按结构图的尺寸画出结构构件的实样，量出各部分模板的准确尺寸或套制样板，同时确定模板及其安装的节点构造，进行模板的制作。

③用计算方法配制模板。形体复杂不易采用放大样方法，但有一定几何形体规律的构件，可用计算方法结合放大样的方法，进行模板的配制。

④采用结构表面展开法配制模板。一些形体复杂且又由各种不同形体组成的复杂体型结构构件，如设备基础，其模板的配制，可采用先画出模板平面图和展开图，再进行配模设计和模板制作。

2.2 安装基础模板

(1) 安装独立基础模板

①安装阶梯形基础模板。

阶梯形基础模板，由上下两层矩形模板、两阶模板连接定位的桥杠和撑固件组成，如图 4-45 所示。

安装时，根据图样尺寸制作每一阶梯模板，支模顺序由下至上逐层向上安装。先把下台阶模板放在基坑底，两者中线互相对准，并用水平尺校正其标高，在模板周围钉上木桩，在木桩与侧板之间用斜撑和平撑进行支撑，然后把钢筋放入模板内，再把上台阶模板放在下台阶模板上，两者中线互相对准，并用斜撑和平撑加以钉牢。然后再进行上一阶模板安装，重新核对墨线各部位尺寸，并把斜撑、水平支撑以及拉杆加以钉紧、撑牢，使上下阶基础模板组合成一整体。最后检查拉杆是否稳固，校核基础模板几何尺寸及轴线位置。

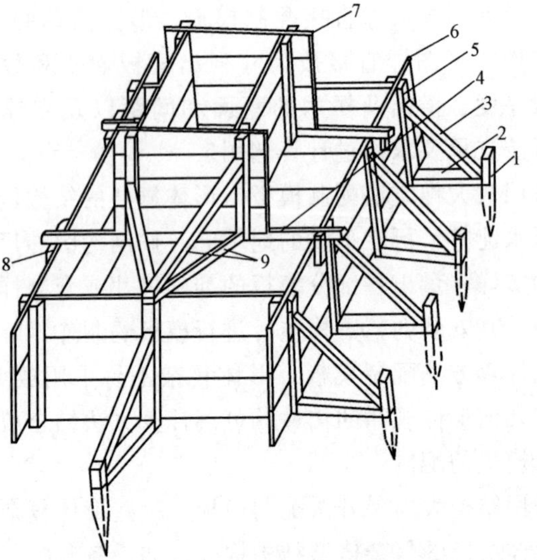

图 4-45　阶梯形基础模板

1—定位木桩；2—水平撑；3—斜撑；4—桥杠；5—木挡；6—下层侧板；7—上阶侧板；8—桥杠固定木；9—上阶模板撑固件

②安装杯形基础模板。

杯形基础模板由上、下两阶模板、杯芯及连接固定杆件组成，如图 4-46 所示。

杯形基础模板的构造与阶形基础相似，只是在杯口位置要装设杯芯模（图 4-47）。杯芯模两侧钉上桥杠，以便于搁置在上台阶模板上。如果下台阶顶面带有坡度，应在上台阶模板的两侧钉上桥杠，桥杠端头下方加钉托木，以便于搁置在下台阶模板上。近旁有基坑壁时，可贴基坑壁设垫木，用斜撑和平撑支撑侧板木挡，芯模有整体式和装配式两种。整体式杯芯模是用木板和木挡根据杯口尺寸钉成一个整体，为了便于脱模，可在芯模的上口设吊环，或在底部的对角十字档穿设 8 号钢丝，以便于芯模脱模。装配式芯模是由四个角模组成，每侧设抽芯板，拆模时先抽去抽芯板，即可脱模。

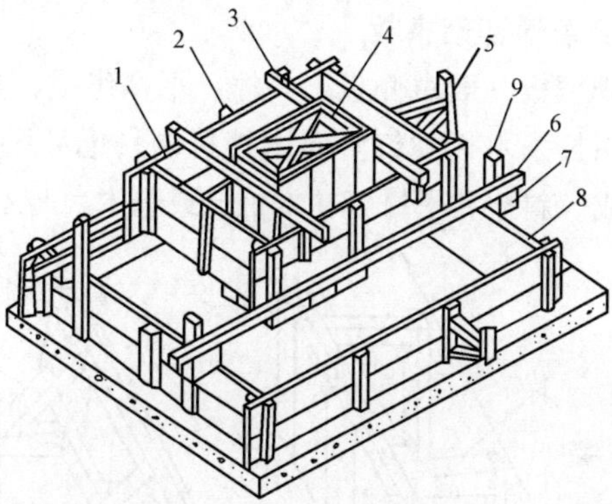

图 4-46　杯形基础模板

1—上阶侧板；2—木挡；3、6—桥杠；4—杯芯模板；

5—上阶模板撑固件；7—托木；8—下层模板侧板；9—桥杠固定木

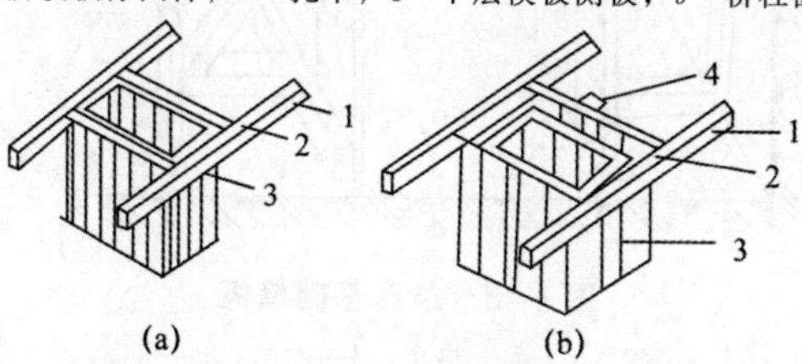

图 4-47　杯芯模

(a) 整体式；(b) 装配式

1—轿杠；2—木挡；3—杯芯侧板；4—抽芯板

安装前，先将各部分划出中线，在基础垫层上弹出基础中线。各台阶钉成方框，杯芯模钉成整体，上台阶模板及杯芯两侧钉上桥杠。

安装时，先将下台阶模板放在垫层上，两者中心对准，四周用斜撑和平撑钉牢，再把钢筋网放入模板内，然后把上台阶模板摆上，对准中线，校正标高，最后在下台阶侧板外加木挡，把桥杠的位置固定住。杯芯模应最后安装，对准中线，再将桥杠搁于上台阶模板上，并加木挡予以固定。

杯形基础应防止中心线不准、杯口模板位移、混凝土浇筑时芯模浮起、拆模时芯模拆不出的现象。

(2) 安装条形基础模板

条形基础模板一般由侧板、斜撑、平撑组成，如图 4-48 所示。侧板可用长条木板加钉竖向木挡拼制，也可用短条木板加横向木挡拼成。斜撑和平撑钉在木桩（或垫木）与木挡之间。

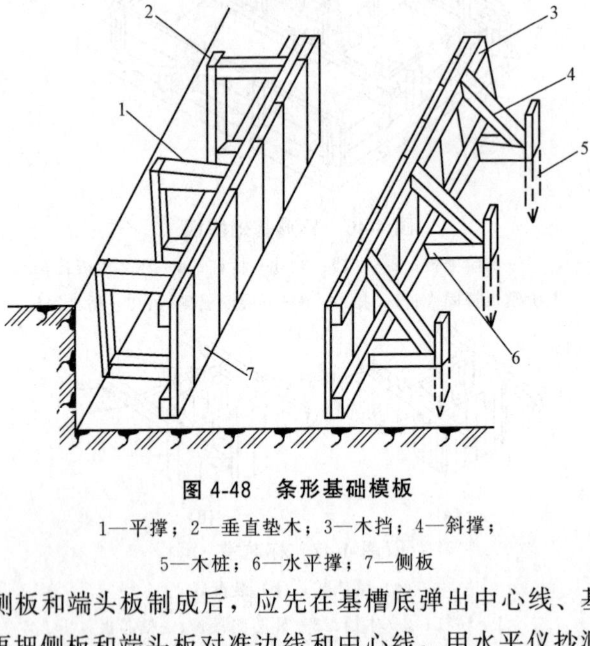

图 4-48　条形基础模板

1—平撑；2—垂直垫木；3—木挡；4—斜撑；5—木桩；6—水平撑；7—侧板

侧板和端头板制成后，应先在基槽底弹出中心线、基础边线，再把侧板和端头板对准边线和中心线，用水平仪抄测校正侧板顶面水平，经检测无误后，用斜撑、水平撑及拉撑钉牢。

条形基础模板安装时，先在基槽底弹出基础边线，再把侧板对准边线垂直竖立，同时用水平尺校正侧板顶面水平，无误后，用斜撑和平撑钉牢。如基础较长，则先立基础两端的两块侧板，校正后，再在侧板上口拉通线，依照通线再立中间的侧板。当侧板高度大于基础台阶高度时，可在侧板内侧按台阶高度弹准线，并每隔 2 m 左右在准线上钉圆钉，作为浇筑混凝土的标志。为了防止浇筑时模板变形，保证基础宽度的准确，应每隔一定距离在侧板上口钉上搭头木。

带有地梁的条形基础，桥杠布置在侧板上口，用斜撑、吊木将侧板吊在桥杠上，如图 4-49 所示。在基槽两边铺设通长的垫板，将桥杠两端搁置在其上，并加垫木楔，以便调整侧板标高。

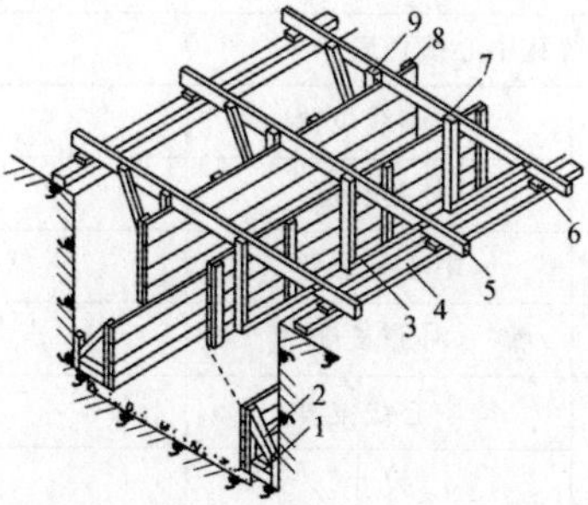

图 4-49　有地梁的条形基础模板

1—水平撑；2—斜撑；3—地梁模板斜撑；4—垫板；5—桥杠；6—木楔；7—地梁模板侧板；8—木挡；9—吊木

条形基础要防止沿基础通长方向模板上口不直、宽度不够，下口陷入混凝土内；拆模时上段混凝土缺损，底部钉模不牢的现象。

2.3　安装拆卸模板

①拆除模板的顺序和方法，应按照模板设计的规定进行。若设计无规定时，应遵循先支后拆，后支先拆；先拆不承重的模板，后拆承重部分的模板；自上而下，先拆侧向支撑，后拆竖向支撑等原则。

②模板工程作业组织，应遵循支模与拆模统一由一个作业班组进行作业的原则。其好处是，支模就考虑拆模的方便和安全，拆模时，人员熟知情况，易找拆模关键点位，对拆模进度、安全、模板及配件的保护都有利。

③模板的拆除对结构混凝土表面、强度要求应符合《混凝土结构工程施工质量验收规范》（GB 50204—2015）的规定。

④固定在模板上的预埋件、预留孔和预留洞均不得遗漏，且应安装牢固，其偏差应符合表 4-3 的规定。

表 4-3　模板上的预埋件、预留孔和预留洞允许偏差

项目		允许偏差/mm
预埋钢板中心线位置		3
预埋管、预留孔中心线位置		3
插筋	中心线位置	5
	外露长度	+10，0
预埋螺栓	中心线位置	2
	外露长度	+10，0
预留洞	中心线位置	10
	尺寸	+10，0

注：检查中心线位置时，应沿纵、横两个方向测量，并取其中的较大值。

⑤现浇结构模板安装的偏差应符合表 4-4 的规定。

表 4-4　现浇结构模板安装的允许偏差

项目		允许偏差/mm	检验方法
轴线位置		5	钢尺检查
底模上表面标高		±5	水准仪或拉线、钢尺检查
截面内部尺寸	基础	±10	钢尺检查
	柱、墙、梁	+4，−5	钢尺检查
层高垂直度	不大于 5 m	6	经纬仪或吊线、钢尺检查
	大于 5 m	8	经纬仪或吊线、钢尺检查
相邻两板表面高低差		2	钢尺检查
表面平整度		5	2 m 靠尺和塞尺检查

注：检查中心线位置时，应沿纵、横两个方向测量，并取其中的较大值。

2.4 安装墙模板

(1) 木模板

墙模板由侧板、立挡、横木、牵杠、水平撑、斜撑、木桩等部件组成，如图 4-50 所示。

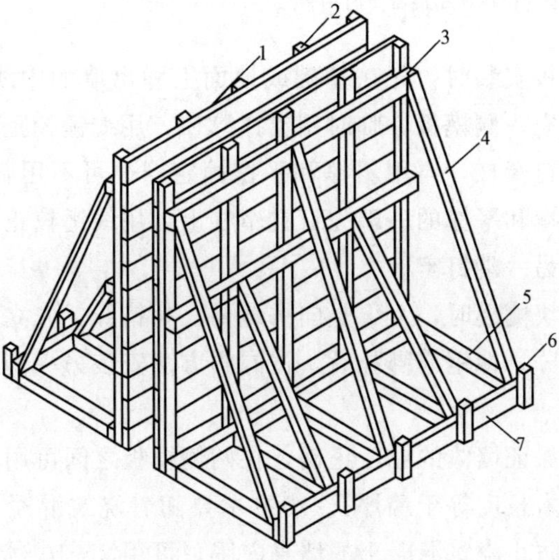

图 4-50 墙模板

1—侧板；2—立挡；3—横木；4—斜撑；5—平撑；6—木桩；7—牵杠

侧板可以采取用长条板模板，预先与立挡钉成大块板，板块高度一般以不超过 1.2 m 为宜。牵杠钉在立挡外侧，从底部开始每隔 0.7～1.0 m 一道。在牵杠与木桩之间支斜撑和平撑，如木桩间距大于斜撑间距时，应沿木桩设通长的落地牵杠，斜撑与平撑紧顶在落地牵杠上。当坑壁较近时，可在坑壁上立垫木，在牵杠与垫木之间用平撑支撑。

定型模板或木板固定于一排立挡上，立挡上分上中下钉有三根横木，横木用斜撑、平撑牵杠和木桩支撑，以固定和保持墙模的位置和稳定。墙模板的用料尺寸见表 4-5。

表 4-5　墙模板用料尺寸　（单位：mm）

墙厚	侧板厚	立挡间距	立挡断面	牵杠间距	牵杠断面
200 以下	25	500	50×100	1000	100×100
200 以上	25	500	50×100	700	100×100

注：本表为机械振捣混凝土时用料尺寸。

墙模板安装时，先在基础或地面上弹出墙的中线及边线，根据边线立一侧模板，临时用支撑撑住，用线锤校正模板的垂直，然后钉牵杠，再用斜撑和平撑固定。也可不用临时支撑，直接将斜撑和平撑的一端先钉在牵杠上，用线锤校正侧板的垂直，即将另一端钉牢。

用大块侧模时，上下竖向拼缝要互相错开，先立两端，后立中间部分。待钢筋绑扎后，按同样方法安装另一侧模板及斜撑等。

为了保证墙体的厚度正确，在两侧模板之间可用小方木撑好（小方木长度等于墙厚）。小方木要随着浇筑混凝土逐个取出。为了防止浇筑混凝土的墙身鼓胀，可用 8～10 号钢丝或直径 12～16 mm 螺栓拉结两侧模板，间距不大于 1 m。螺栓要纵横排列，并在混凝土凝结前经常转动，以便在凝结后取出。如墙体不高，厚度不大，亦可在两侧模板上口钉上搭头木即可。

(2) 胶合板模板

采用胶合板做现浇混凝土墙体和楼板的模板，可以有效减少混凝土外露表面的接缝，满足清水混凝土的要求。

常规的支模方法：胶合板面板外侧的立挡用 50 mm×100 mm方木，横挡可用 ϕ48 mm×3.5 mm 脚手钢管或方木（一般为 100 mm 方木），两侧胶合板模板用穿墙螺栓拉结，如图4-51所示。

①墙模板安装时，根据边线先立一侧模板，用临时支撑撑

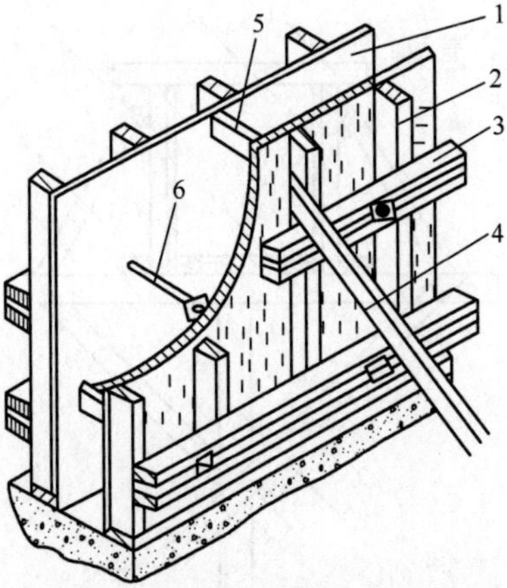

图 4-51 采用胶合板面板的墙体模板

1—胶合板；2—立挡；3—横挡；
4—斜撑；5—撑头；6—穿墙螺栓

住，用线锤校正模板的垂直度，然后固定牵杠，再用斜撑固定。大块侧模组拼时，上下竖向拼缝要互相错开，先立两端，后立中间部分。待钢筋绑扎后，按同样方法安装另一侧模板及斜撑等。

②为了保证墙体的厚度正确，在两侧模板之间可用小方木撑头（小方木长度等于墙厚），防水混凝土墙要加有止水板的撑头。小方木要随着浇筑混凝土逐个取出。为了防止浇筑混凝土的墙身鼓胀，可用 8～10 号钢丝或直径 12～16 mm 螺栓拉结两侧模板，间距不大于 1 m。螺栓要纵横排列，并在混凝土凝结前经常转动，以便在凝结后取出，如墙体不高，厚度不大，亦可在两侧模板上口钉上搭头木即可。

2.5 安装梁模板

(1) 安装矩形单梁模板

矩形单梁模板由侧板、托木、夹木、斜撑等部件组装而成，如图 4-52 所示。

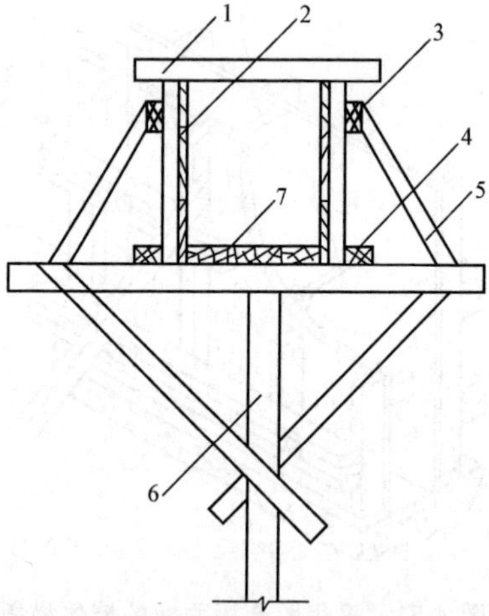

图 4-52 矩形单梁模板

1—搭头木；2—侧板；3—托木；4—夹木；
5—斜撑；6—木顶撑；7—底板

梁模板安装时，应在梁模下方地面上铺垫板，在柱模缺口处钉衬口档，然后把底板两头搁置在柱模衬口档上，再立靠柱模或墙边的顶撑，并按梁模长度等分顶撑间距，立中间部分的顶撑，顶撑底应打入木楔。安放侧板时，两头要钉牢在衬口档上，并在侧板底外侧铺上夹木，用夹木将侧板夹紧并钉牢在顶撑帽木上，随即把斜撑钉牢。

次梁模板的安装，要待主梁模板安装并校正后才能进行。其底板及侧板两头是钉在主梁模板缺口处的衬口档上。次梁模板的两侧板外侧要按搁栅底标高钉上托木。

梁模板安装后，要拉中线进行检查，复核各梁模中心位置是否对正。待平板模板安装后，检查并调整标高，将木楔钉牢在垫板上。各顶撑之间要设水平撑或剪刀撑，以保持顶撑的稳固。

当梁的跨度大于等于 4 m 时，在梁模的跨中要起拱，起拱高度为梁跨度的 0.2%～0.3%。

当楼板采用预制圆孔板、梁为现浇花篮梁时，应先安装梁模板，再吊装圆孔板，圆孔板的重量暂时由梁模板来承担。这样，可以加强预制板和现浇梁的连接。安装时，先按前述方法将梁底板和侧板安装好，然后在侧板的外边立支撑（在支撑底部同样要垫上木楔和垫板），再在支撑上钉通长的搁栅，搁栅要与梁侧板上口靠紧，在支撑之间用水平撑和剪刀撑互相连接。

(2) 安装圈梁模板

圈梁模板由侧板、斜撑、夹木、斜撑和搭头木等部件组装而成，如图 4-53 所示。

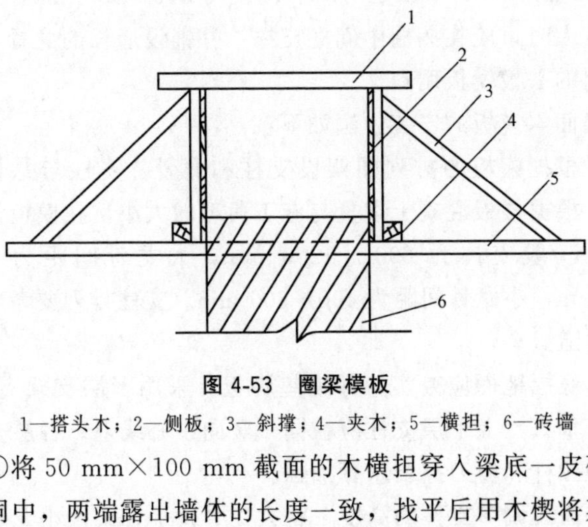

图 4-53　圈梁模板

1—搭头木；2—侧板；3—斜撑；4—夹木；5—横担；6—砖墙

①将 50 mm×100 mm 截面的木横担穿入梁底一皮砖处的预留洞中，两端露出墙体的长度一致，找平后用木楔将其与墙体固定。

②侧板下边担在横担上，内侧面紧贴墙壁，调直后用夹木和斜撑将其固定。斜撑上端钉在侧板的木挡上，下端钉在横担上。

③支模时应遵守边模包底模的原则，梁模与柱模连接处，下料尺寸一般应略为缩短。

④梁侧模必须有压脚板、斜撑、拉线通直后将梁侧钉固。

⑤每隔 1000 mm 左右在圈梁模板上口钉一根搭头木或顶棍，防止模板上口被胀开。

⑥在侧板内侧面弹出圈梁上表面高度控制线。

⑦在圈梁的交接处做好模板的搭接。

⑧混凝土浇筑前，应将模内清理干净，并浇水湿润。

⑨梁底模板按规定起拱。

2.6 安装楼面木模板

平板模板一般用厚 20～25 mm 的木板拼成，或采用定型木模块，铺设在搁栅上。搁栅两头搁置在托木上，搁栅一般用断面 50 mm×100 mm 的方木，间距为 400～500 mm。当搁栅跨度较大时，应在搁栅中间立支撑，并铺设通长的龙骨，以减小搁栅的平板模板用料。

楼面木模板的安装方法如下：

①根据模板的排列图架设支柱和龙骨。支柱与龙骨的间距，应根据楼板混凝土重量与施工荷载的大小，在模板设计中确定。一般支柱为 800～1200 mm，大龙骨间距为 600～1200 mm，小龙骨间距为 400～600 mm。支柱排列要考虑设置施工通道。

②底层地面应夯实，并铺垫脚板。采用多层支架支模时，支柱应垂直，上下层支柱应在同一竖向中心线上。各层支柱间的水平拉杆和剪刀撑要认真加强。

③通线调节支柱的高度，将大龙骨找平，架设小龙骨。

④铺模板时可从四周铺起，在中间收口。楼板模板压在梁侧模时，角位模板应通线钉固。

⑤楼面模板铺完后，应认真检查支架是否牢固，模板梁面、板面应清扫干净。

⑥防止出现板中部下挠、板底混凝土面不平的现象。

⑦楼板模板厚度要一致，搁栅木料要有足够的强度和刚度，搁栅面要平整。

⑧板模按规定起拱。

2.7 安装楼面胶合模板

(1) 采用脚手钢管支模

用 ϕ48 mm×3.5 mm 脚手钢管搭设排架，在排架上铺放 50 mm×100 mm 方木，间距为 400 mm 左右，作为面板的搁栅（楞木），在其上铺设胶合板面板，如图 4-54 所示。

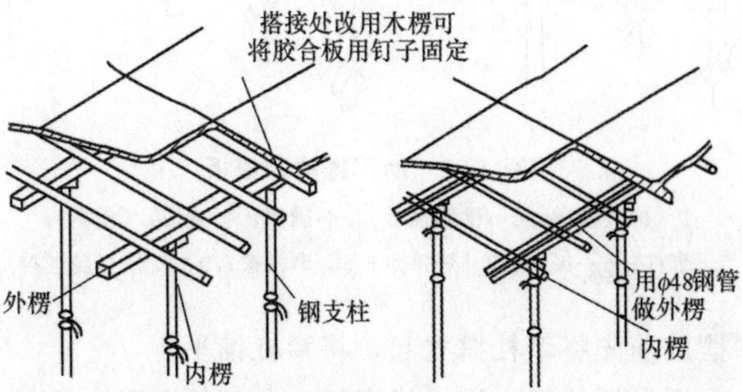

图 4-54 楼板模板采用脚手钢管（或钢支柱）排架支撑

(2) 采用木顶撑支模

①楼板模板铺设在搁栅上，搁栅两头搁置在托木上，搁栅一般用断面 50 mm×100 mm 的方木，间距为 400～500 mm。当搁栅跨度较大时，应在搁栅下面再铺设通长的牵杠，以减小搁栅的跨度。牵杠撑的断面要求与顶撑立柱一样，下面须垫木楔及垫板，一般用（50～75）mm×150 mm 的方木。楼板模板应垂直于搁栅方向铺钉，如图 4-55 所示。

②楼板模板安装时，先在次梁模板的两侧板外侧弹水平线，水平线的标高应为楼板底标高减去楼板模板厚度及搁栅高度，然后按水平线钉上托木，托木上口与水平线相齐。再把靠梁模旁的搁栅先摆上，等分搁栅间距，再摆中间部分的搁栅，最后在搁栅上铺钉楼板模板。为了便于拆模，只在模板端部或接头处钉牢，中间尽量少钉。如中间设有牵杠撑及牵杠时，应

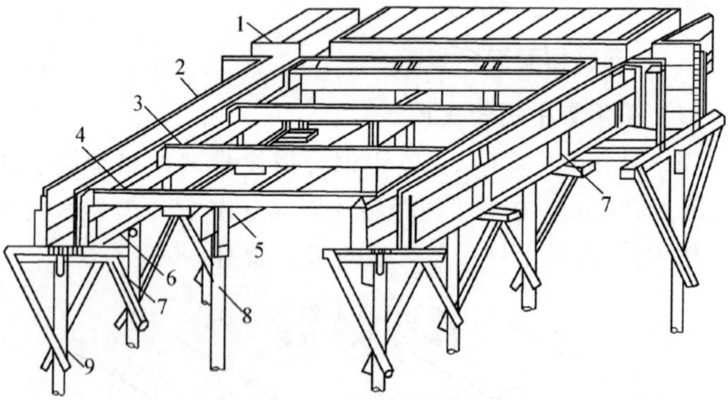

图 4-55 肋形楼盖木模板

1—楼板模板；2—梁侧模板；3—搁栅；4—横挡（托木）；5—牵杠；6—夹木；7—短撑木；8—牵杠撑；9—支柱（琵琶撑）

在搁栅摆放前先将牵杠撑立起，将牵杠铺平。

③采用早拆体系支设楼板模板。典型的平面布置图，如图 4-56 所示。

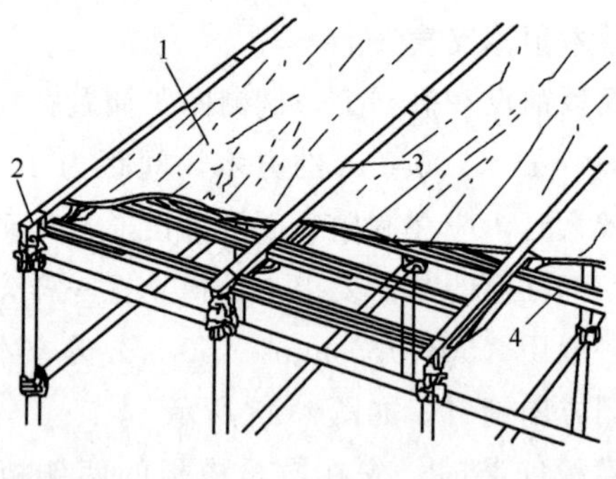

图 4-56 无边框木（竹）胶合板楼（顶）板模板组合示意

1—木（竹）胶合板；2—早拆柱头板；3—主梁；4—次梁

(3) 支模、拆模

①支模工艺如图 4-57 所示。

②拆模工艺如图 4-58 所示。

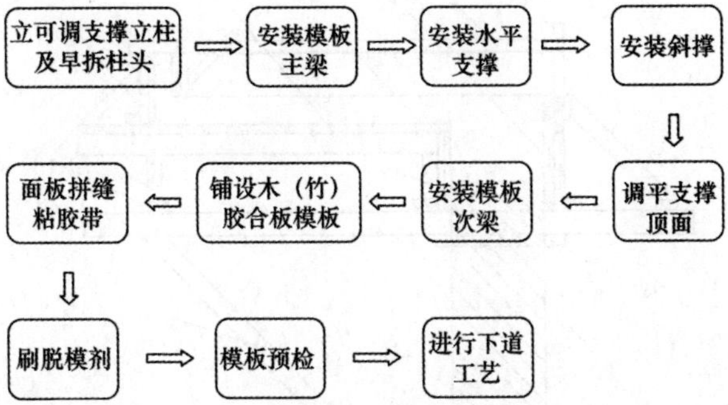

图 4-57　支模工艺

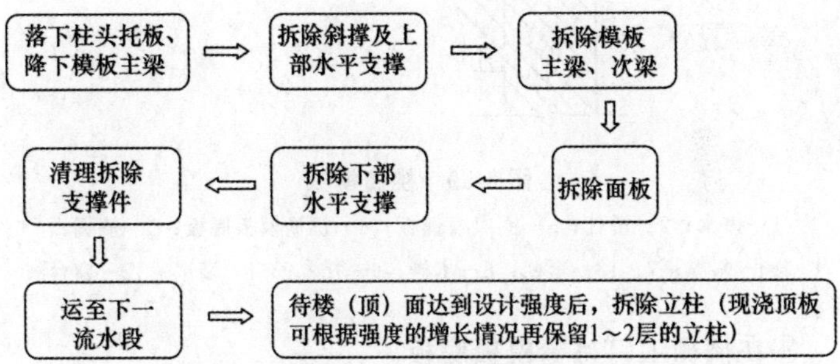

图 4-58　拆模工艺

2.8　安装挑檐模板

挑檐模板由托木、牵杠、搁栅、底板、侧板、桥杠、吊木、斜撑等部件组成，如图 4-59 所示。它是同屋顶圈梁连接一体的，因此挑檐模板是同圈梁模板一起进行的。

常采用的支模方法如下：

①在预留墙洞内穿入托木，以斜撑撑平后，用木楔固定在墙上。托木间距为 1000 mm。立圈梁模板，并用夹木和斜撑固定。

②在托木上固定牵杠，牵杠以木楔调平。

③搁栅垂直地钉于牵杠上。

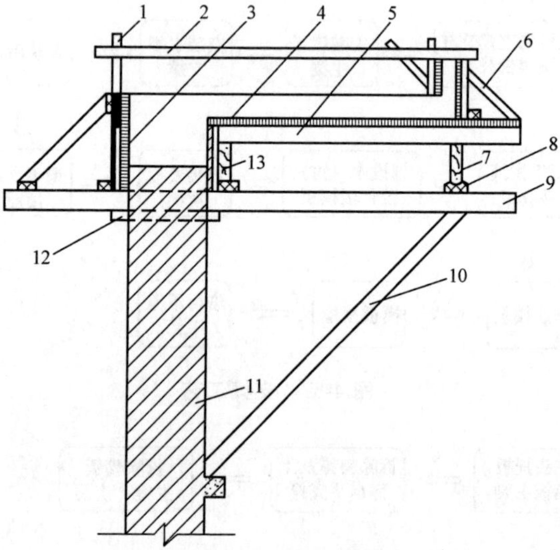

图 4-59　挑檐模板

1—撑木；2—桥杠；3—圈梁模侧板；4—挑檐模板底板；5—搁栅；6、10—斜撑；7、13—牵杠；8—木楔；9—托木；11—墙壁；12—窗台线

④在搁栅上钉挑檐模板底板。

⑤立挑檐模板外侧板，并以斜撑夹木固定。

⑥在圈梁模板内侧板上钉撑木。

⑦桥杠一端钉在挑檐模板外侧板上，另一侧钉在撑木上。

⑧在桥杠上钉吊木，并以斜撑垂直，在吊木上固定挑檐外沿内侧模板。

2.9　安装阳台模板

阳台一般为悬臂梁板结构，由挑梁和平板组成。阳台模板由搁栅、牵杠、牵杠撑、底板、侧板、桥杠、吊木、斜撑等部分组成，如图 4-60 所示。

常采用的支模方法如下：

①在垂直于外墙的方向安装牵杠。以牵杠撑支顶，并用水

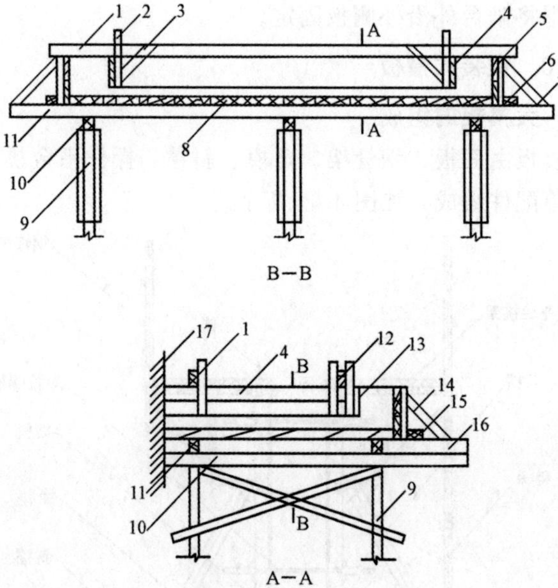

图 4-60 阳台模板

1—桥杠；2、12—吊木；3、7、14—斜撑；4、13—内侧板；5—外侧板；6、15—夹木；8—底板；9—牵杠撑；10—牵杠；11—搁栅；16—垫木；17—墙

平撑和剪刀撑牵搭支稳。

②在牵杠上沿外墙方向布置固定搁栅。以木楔调整牵杠高度，使搁栅上表面处于同一水平面内。

③垂直于搁栅铺阳台模板底板，板缝挤严，用圆钉固定在搁栅上。

④装钉阳台左右外侧板，使侧板紧夹底板，以夹木斜撑固定在搁栅上。

⑤将桥杠木担在左右外侧板上，以吊木和斜撑将左右挑梁模板内侧板吊牢。以吊木将阳台外沿内侧模板吊钉在桥杠上，并用钉将其与挑梁左右内侧板固定。

⑥在牵杠外端加钉同搁栅断面一样的垫木，在垫木上用夹

木和斜撑将阳台外沿外侧板固定。

2.10 安装大模板

(1) 大模板的组成

大模板由面板、钢骨架、角模、斜撑、操作平台挑架、对拉螺栓等配件组成，如图 4-61 所示。

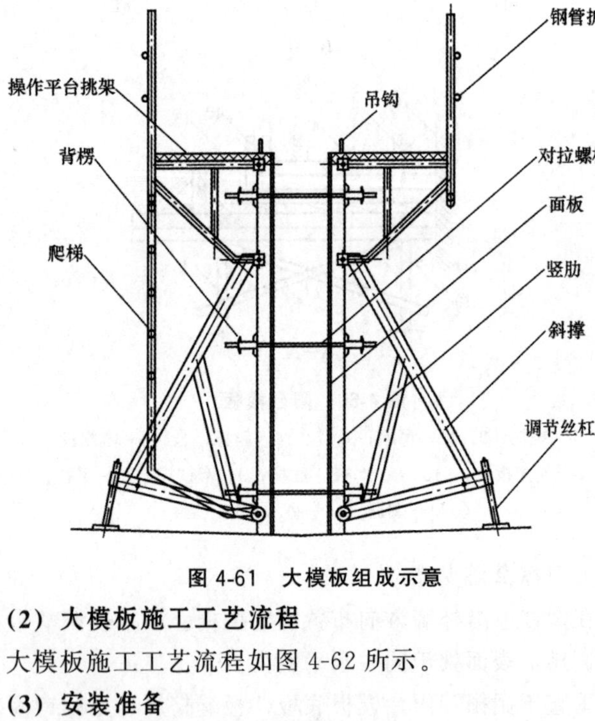

图 4-61 大模板组成示意

(2) 大模板施工工艺流程

大模板施工工艺流程如图 4-62 所示。

(3) 安装准备

①大模板安装前应进行技术交底。

②模板进场后，应依据模板设计要求清点数量、核对型号、清理表面。

③组拼式大模板在生产厂或现场预拼装，用醒目字体核对模板编号，安装时对号入座。

④大模板应进行样板间试安装，经验证模板几何尺寸、接缝处理、零部件准确无误后方可正式安装。

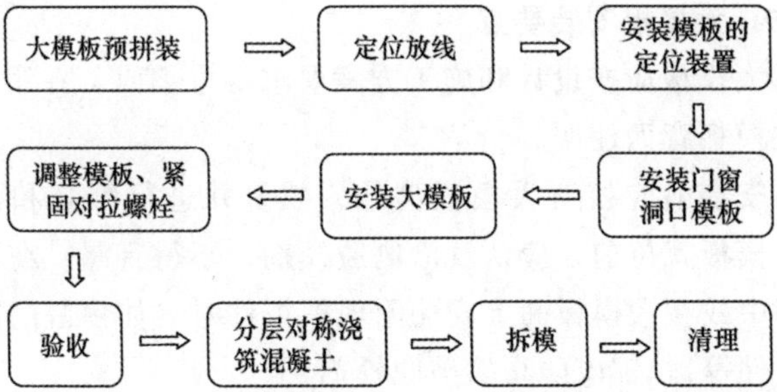

图 4-62　大模板施工工艺流程

⑤大模板安装前必须放出模板内侧线及外侧控制线作为安装基准。

⑥合模前必须将模板内部杂物处理干净，必要时在模板底部可留置清扫口。

⑦合模前必须通过隐藏工程验收。

⑧模板就位前应涂刷隔离剂，刷好隔离剂的模板遇雨淋后必须补刷；使用的隔离剂不得影响结构工程及装修工程质量。

(4) 大模板配置方法

①按建筑物的平面尺寸确定模板型号。根据建筑设计的轴线尺寸，确定模板的尺寸，凡外形尺寸和节点构造相同的模板均为同一种型号。当节点相同、外形尺寸变化不大时，可以用常用的开间、进深尺寸为基准模板，另以适当尺寸配模板条。每道墙体由两片大模板组成，一般可采用正反号表示。同一侧墙面的模板为正号，另一侧墙面用的模板则为反号，正反号模板数量相等，以便于安装时对号就位。

②根据流水段大小确定模板数量。常温条件下，大模板施工一般每天完成一个流水段，所以在考虑板数量时，必须以满足一个流水段的墙体施工来确定。

另外，在考虑模板数量时，还应考虑特殊部位的施工需要，如电梯间以及山墙模板的型号和数量等。

(5) 大模板安装要点

①大模板应按设计和施工方案要求编排编码，并用醒目的字体在模板背面注明。

②安装前应核对大模板型号、数量并进行维修和清刷干净。在模板就位前，应认真涂刷脱模剂，不得有漏。在吊运模板过程中或在大模板面上安装附属模板件时（如预留门窗、洞孔、埋件等），都应防止擦破脱模剂层。

③安装模板前，应根据设计图样和技术交底内容进行现场复核，确定其门窗、洞孔、埋件的位置，并在模板面上画出安装线。

④安装模板时，应按流水段顺序进行吊装，按墙位线就位，并通过调整地脚螺栓，用靠尺反复检查校正模板的垂直度。

⑤大模板施工一般宜先绑扎墙体钢筋，后根据施工方案要求支立一侧模板，待安装好其他全部项目，再支立另一侧模板。检查墙体钢筋、混凝土保护层垫块、水电管线、预埋件、门窗洞口模板和穿墙螺栓套有无遗漏，应位置准确、安装牢固，并清除模板内的杂物方可合模。

⑥门窗口的安装方式分先立框和后立框两种。采用后立框时，应先做门窗框衬模，衬模的尺寸应大于门窗框 20～25 mm；采用先立框时，为了使门窗框与大模板面之间不留缝隙，应采取补衬模缝的措施。

⑦模板校正合格后，在模板顶部安放固定位置的卡具，并紧固穿墙条、胶带纸等堵严，以防漏浆。

⑧模板在起吊、落地、就位时，吊机应缓慢平衡操作，大模板安装就位时，应向支撑架一侧倾斜，倾斜的角度应控制在 10°～15°，风力超过 5 级应停止吊装模板。

⑨安装全现浇结构和悬挂墙模板时，宜从流水段中间向两边进行，不得碰撞里模，以防模板变位；外模与里模挑梁连接

牢固，外模的支撑架应在下层外墙混凝土强度不低于7.5 MPa时，方可支设。

(6) 大模板安装质量标准

大模板安装和预埋件、预留孔洞允许偏差及检验方法见表4-6。

表 4-6 大模板安装和预埋件、预留孔洞允许偏差及检验方法

项目		允许偏差/mm	检验方法
轴线位置		5	尺量检查
截面内部尺寸		±2	尺量检查
层高垂直	全高≤5 m	3	用2 m托线板检查
	全高>5 m	5	
相邻模板板面高低差		2	用直尺和尺量检查
平直度		5	上口通长拉直线用尺量检查，下口按模板就位线为基准检查
平整度		3	2 mm靠尺检查
预埋钢板中心线位置		3	拉线和尺量检查
预埋螺栓	中心线位置	10	拉线和尺量检查
	外露位置	+10，0	尺量检查
预留洞	中心线位置	10	拉线和尺量检查
	截面内部尺寸	+10，0	尺量检查
电梯井	井筒长、宽对定位中心线	+25.0	拉线和尺量检查
	井筒全高垂直度	$H/1000$ 且≤30	吊线和尺量检查

(7) 大模板施工安全措施

①大模板施工应执行国家和地方政府制定的相关安全和环

保措施。

②模板起吊要平稳，不得偏斜和大幅度摆动，操作人员必须站在安全可靠位置，严禁人员随同大模板一同起吊。

③吊运大模板必须采用卡环吊钩，当风力超过 5 级时禁止吊装作业。

④拆除模板时，在模板与墙体脱离后，经检查确认无误方可起吊大模板。

⑤拆除无固定支架的大模板时，应对模板采取临时固定措施。

⑥模板现场堆放区应在起重机的有效工作范围之内，堆放场地必须坚实平整，不得堆放在松土、冻土或凹凸不平的场地上。

⑦大模板停放时，必须满足自稳角的要求，对自稳角不足的模板，必须另外拉结固定；没有支撑架的大模板应存放在专用的插放支架上，叠层平放时，叠放高度不应超过 2 m（10 层），底部及层间应加垫木，且上下对齐。

⑧模板在地面临时周转停放时，两块大模板应板面相向放置，中间留置操作间距；当长时间停放时，应将模板连接成整体。

⑨大模板不得长时间停放在施工楼层上，当大模板在施工楼层上临时周转停放时，必须有可靠的防倾倒保证安全的措施。

⑩大模板运输根据模板的长度、质量选用车辆；大模板在运输车辆上的支点、伸出的长度及绑扎方法均应保证其不发生变形，不损伤涂层。

⑪运输模板附件时，应注意码放整齐，避免相互发生碰撞；保证模板附件的重要连接部位不受破坏，确保产品质量，小型模板附件应装箱、装袋或捆扎运输。

3 门窗施工技术

3.1 制作木门窗

(1) 放样

放样就是按照图样将门窗各部件的详细尺寸足尺画在样棒（或样板）上。样棒采用经过干燥的松木制作，双面刨光，厚度约 25 mm，宽度等于门窗框子梃的断面宽度，长度比门窗高度长 200 mm 左右。

放样时，先画出门窗的总高及总宽，再定出中贯档到门窗顶的距离，然后根据各剖面详图依次画各部件的断面形状及相互关系。样棒放好后，要经过仔细校核才能使用。

(2) 配料与截料

配料是根据样棒上（或从计算得到）所示门窗各部件的断面（厚度×高度）和长度，计算其所需毛料尺寸，提出配料加工单。考虑到制作门窗料时的刨削、损耗，各部件的毛料尺寸要比净料尺寸加大些，具体加大量参考数据如下：

①断面尺寸。手工单面刨光加大 1～1.5 mm，双面刨光加大 2～3 mm；机械加工时单面刨光加大 3 mm，双面刨光加大 5 mm。

②长度尺寸。门框冒头有走头者（即用先立方法，门窗上冒头需加长），加长 240 mm；无走头者，加长 20 mm，窗框梃加长 10 mm，窗冒头及窗根加长 10 mm，窗梃加长 30～50 mm。配料时，应注意木料的缺陷，不要把节子留在开榫、打眼及起线的部位；木材小钝棱的边可作为截口边；不应采用腐朽、斜裂的木料。

配料时还要注意木材的缺陷，节疤应躲开眼和榫头的部位，防止凿劈或榫头断掉，起线部位也禁止有节疤。

(3) 刨料

刨料时要查看木纹，顺纹刨削，宜将纹理清晰的材面作为正面。刨完后，应将同类型、同规格的框扇堆放在一起，上下对齐，每两个正面相合，框垛下面平整垫实，以备下道工序取用方便。

(4) 画线

根据门窗的构造要求，在每根刨好的木料上画出榫头线、榫眼线等。注意榫眼与榫头大小配问题。画线操作宜在画线架上进行。所有榫眼都要注明是全榫还是半榫，是全眼还是半眼。

画线前应仔细看清图样要求，样板样式、尺寸、规格必须完全一致，并先做样品，经审查合格后再正式画线。

画线时应选光面为表面，有缺陷的放在背面，先画外皮横线，再画分格线，最后画顺线。

樘梃宽超过 80 mm 时，要画双实榫。门扇梃厚度小于 60 mm时，要画单榫，超过 60 mm 时，要画双头榫。冒头料宽度大于 180 mm 时，一般画上下双榫。榫眼厚度一般为木料厚的 1/3～1/4。半榫眼深度一般不大于木料断面宽度的 1/4，冒头拉肩应和榫吻合。

门窗框的宽度超过 120 mm 时，背面应推凹槽，以防卷曲。

(5) 打眼

为使榫眼接合紧密，打眼工序一定要与榫头相配合。先打全眼后打半眼，全眼要先打背面，凿到一半时翻转过来再打正面，直到凿透。眼的正面要留半条墨线，反面不留线，但比正面略宽。

打成的眼要方正，眼内要干净，眼的两端面中部略微隆起，这样榫头装进去就比较紧密。打通眼时，要先打背面，后打正面。手工凿眼时，眼内上下端中部宜稍微突出些，以便拼装时加楔打紧，半眼深度应一致，并比半榫深 2 mm。

(6) 开榫与拉肩

开榫又称倒卯，就是按榫头纵线向下锯开。拉肩是锯掉榫头两边的肩头（横向），通过开榫和拉肩操作就制成了榫头。锯成的榫头要方正、平直，榫眼应完整无损，不准有因拉肩而锯伤的榫头。榫头线要留半线，以备检查。半榫的长度应比半眼的深度少 2～3 mm。

(7) 裁口与起线

裁口又称铲口，即在木料棱角刨出边槽，供装玻璃用。

①起刨线、裁口刨的刨底要平直、深浅宽窄一致。

②使用起刨线时应加导板，以使线条平直，操作时线条应一次推完。

③阴角处线条不清时要用单线刨清理。

(8) 拼装

一般是先里后外。所有榫头应待整个门窗拼装好并归方后再敲实。

拼装门窗框时，应先将中贯档与框子梃拼好，再装框子冒头，拼装门扇时应将一根门梃放平，把冒头逐个插上去，再将门芯板嵌装于冒头及门梃之间的凹槽内，但应注意使门芯板在冒头及门梃之间的凹槽底留出 1.5～2 mm 的间隙，最后将另一根门梃对眼装上去。

门窗拼装完毕后，最后用木楔（或竹楔）将榫头在榫眼中挤紧。加木楔时，应先用凿子在榫头上凿出一条缝槽，然后将木（竹）楔沾上胶敲入缝槽中。如在加楔时发现门窗不方正，应在敲楔时加以纠正。

(9) 编号

制作和经修整完毕的门窗框、扇要按不同型号写明编号，分别堆放，以便识别。需整齐叠放，堆垛下面要用垫木垫平实，应在室内堆放，防止受潮，需离地 30 cm。

3.2 制作镶板门扇

(1) 制作镶板门扇部件

镶板门扇梃和冒头的榫眼接合情况，如图 4-63 所示。

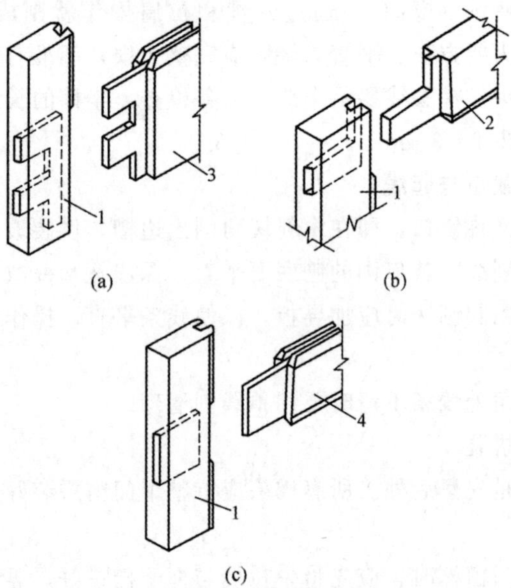

图 4-63　镶板门扇榫眼接合情况

(a) 门窗梃与下冒头的榫眼接合；(b) 门窗梃与上冒头的榫眼接合；(c) 门窗梃与中冒头的榫眼接合

1—门扇梃；2—门扇上冒头；3—门扇下冒头；4—门扇中冒头

门扇梃的加工程序如图 4-64 所示。

截配毛料 ⇒ 基准面刨光 ⇒ 另两面刨光 ⇒ 画线 ⇒ 打眼 ⇒ 开槽起线 ⇒ 半成品堆放

图 4-64　门扇梃的加工流程

门扇上冒头、下冒头的加工程序如图 4-65 所示。

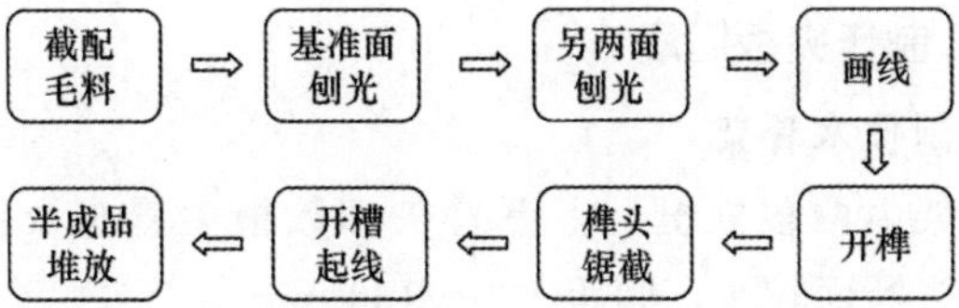

图 4-65　门扇上冒头、下冒头的加工流程

门扇中冒头的加工程序如图 4-66 所示。

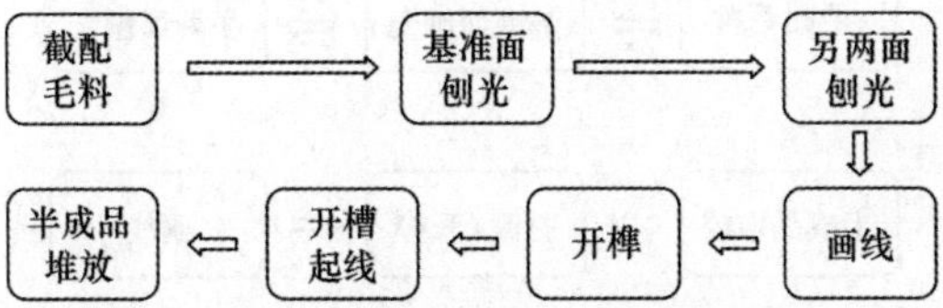

图 4-66　门扇中冒头的加工流程

(2) 配置门芯板

如用实木做镶板，应先配毛板，毛板两小面刨直、刨光；胶拼，两面刨光，锯成规格板，并将四周刨成一定锥度；最后刨光（净光）或砂光待用。如用人造板做镶板，可先将人造板胶合成一定厚度，再锯成规格板，将四周刨成一定的锥度。

(3) 组装镶板门扇

镶板门扇各部件备齐后即可组装。组装的程序如图 4-67 所示。

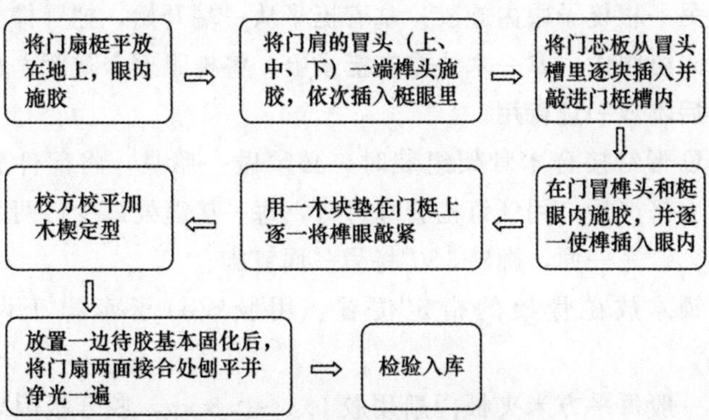

图 4-67　镶板门扇组装流程

3.3 制作夹板门扇

(1) 制作木骨架

木骨架由两根立梃、上下冒头和数根中冒头及锁木等组成。中冒头断面较小，间距 120～150 mm。

立梃的制作流程如图 4-68 所示。

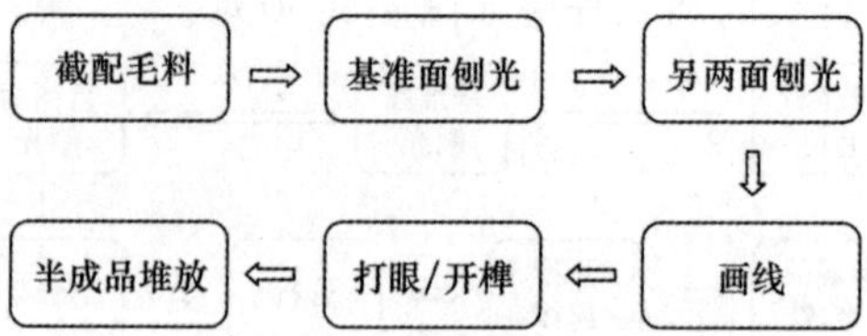

图 4-68　立梃的制作流程

上下冒头及中冒头开榫时开出飞肩，框架组装后飞肩可起通气孔的作用。如不做飞肩，各冒头上必须钻通气孔。

上面是榫眼接合时各部件的加工程序，如用 U 形钉组框，则可省去打眼开榫以后的工序，只需截齐就可以了。

(2) 组装木骨架

榫眼接合的木骨架组装方法：将梃子平放在平地上，眼内施胶；冒头榫上沾胶一个个敲入梃眼内；将各冒头另一端施胶，另一根梃子眼内施胶；拿着梃子从一端开始，把冒榫一个个插入梃眼内；拿一木块垫在梃子上，将榫眼逐个敲紧，校方校平后堆放一边待用。

U 形钉接合木骨架组装时，必须做一胎具，将部件放在胎具上挤严后，用气钉枪骑缝钉钉，每一接缝处最少钉两个 U 形钉。钉完一面，翻转 180°将另一面钉牢。

锁木放在骨架的指定位置，用胶或钉子牵牢于两立梃上。

一般每平方米夹板门扇用胶 0.4～0.8 kg，胶合板因表面比较平滑，用胶量较少。而纤维板因背面有网纹，用胶量稍多一些，可根据工作量配置胶液。

(3) 刨边包边

胶合好的夹板门扇在刨边机上或人工刨边后，用木条涂胶从四边包严。因考虑搬运碰撞，木骨架已留有 5 mm 左右的刨光余量，刨削时两边要刨平行，相邻边要互相垂直。

包条一般比门扇厚度大 1～2 mm。钉钉时，要将钉帽砸扁，顺木纹钉钉，并用钉冲将钉帽冲入木条里 1～2 mm。钉子不要钉成一条直线，应交错钉钉。包条在门扇上角应 45°割角交接，下端对接即可，接缝应保持严密。包条钉好后，将门扇放在工作台上，将包条与覆面板刨平。为防止人造板吸湿变形，门扇做好后应立即刷上一层清油保护。

(4) 覆面板胶合

骨架做好后，按比骨架宽（或高）5 mm 配好两面的覆面板材。

在骨架或板面上涂胶后，将骨架与覆面板组合在一起，四角以钉牵住。夹板门扇的胶合有冷压和热压两种方式。热压是将门扇板坯放入热压板内，以 0.5～1 MPa 的压力和 110℃的温度，热压 10 min 左右，卸下平放 24 h 后即可进入下道工序加工。冷压是把门扇板坯放入冷压机内或自制冷压设备内，24 h后卸下即已基本胶合牢固。

胶合用的白乳胶（聚醋酸乙烯酯乳胶）如出现冬季变稠现象，可适当加点温水搅拌均匀后使用。在严寒地区，也可将胶加热变稀后使用。

胶合用脲醛树脂胶，使用前须加固化剂。固化剂为氯化铵。先将固体氯化铵配成 20％浓度的溶液，然后按表 4-7 配方在脲醛树脂里加入适量的氯化铵溶液，搅拌均匀后使用。因为固化剂的脲醛树脂胶的活性时间只有 2～4 h，所以要按照需要现配现用，以免造成浪费。

表 4-7 不同室温下氯化铵溶液用量

脲醛树脂/kg	操作室温度/℃	氯化铵溶液用量/ml	备注
1	10～15	14～16	氯化铵溶液浓度为 20%
1	15～20	10～14	
1	20～30	7～10	
1	30 以上	3～7	

3.4 制作塑料压花门

(1) 制作模压板

塑料压花板一般花纹外凸，只有四周和中部有 100～150 mm的平面板带，因此，用一般的平板压板不仅把花纹压坏，而且胶黏也不牢固。

为了既能将塑料压花板尽可能同木骨架贴紧胶牢，又不压坏花纹图案，就要设计制作一种特殊的模压板垫在压板与门扇之间。如图 4-69 所示为一种塑料压花门的模压板，它由底层胶合板、挖孔胶合板和泡沫塑料（海绵）胶合而成。

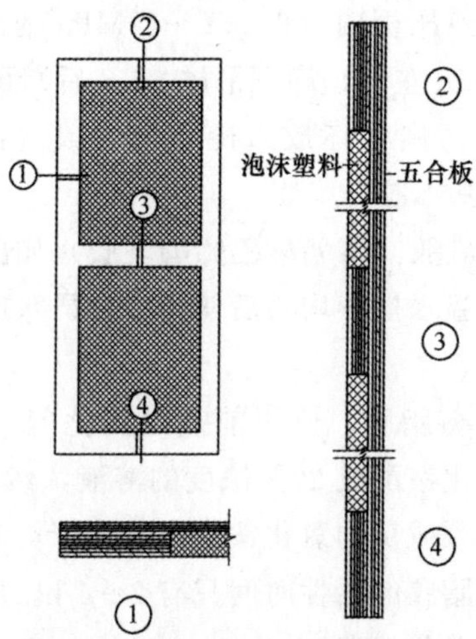

图 4-69 塑料压花门的模压板

底层胶合板为五合板或七合板，它是模压板的基础，幅面略大于压花门扇尺寸。

挖孔板的孔型应符合压花板图形，和图案对应部位挖空，挖孔板用多层胶合板胶合而成，它的厚度应等于花纹板花纹凸出量。

泡沫塑料按挖孔板挖孔尺寸裁剪，其自由厚度（无压力情况下）应等于挖孔板的总厚度。

模压板的制作程序如图 4-70 所示。

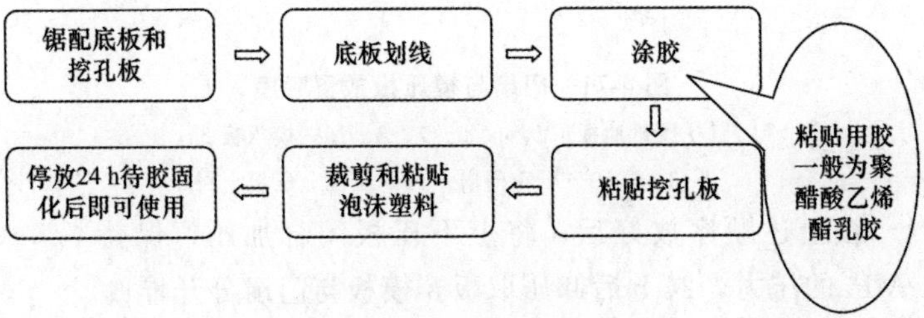

图 4-70　模压板的制作流程

(2) 压花门扇胶合

塑料压花门的胶合一般采用冷压胶合法。先将木骨架同覆面花纹板组合在一起，再放到冷压设备中压合。

①组坯。

塑料压花门两面粘贴压花板，可在骨架上或压花板的内表面涂胶后组坯。

如在骨架上涂胶，将骨架放在平台上，涂胶后扣上一块压花板，摆正后四角以钉牵住。翻转 180°，在骨架另一面涂胶，扣上另一块压花板，摆正后四角以钉牵牢。

如采用板面施胶方法，将骨架放在平台上，在花纹板里面刷胶后翻扣在骨架上，摆正后四角以钉牵牢。翻转 180°放好，再将另一块刷好胶的花纹板翻扣到骨架上，摆正后四角以钉牵牢。

②胶合。

塑料压花门冷压胶合时，门板与模压板的放置顺序如图4-71所示。

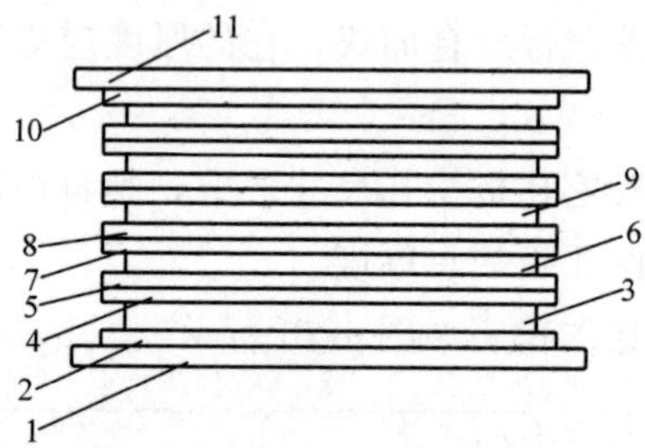

图 4-71　门扇与模压板放置顺序

1—压机地板；2、4、5、7、8、10—模压板；

3、6、9—压花门扇；11—压机上压板

按上述顺序放好后，将上下压板闭合加压，保持 0.5～1 MPa的压力，24 h 后卸压取板，模板与门扇分开堆放。

③修边粘贴塑料板条。

塑料压花门一般为框扇组装后一起出厂，因此门扇和合页五金安装均在厂里完成。修边时，根据门框内口尺寸及安装缝隙要求，在门扇四周划线，按线刨光，边刨边试。

塑料封边条根据门扇厚度剪裁，长度最好等于门宽或门高，中间不要接头。胶合时用即时贴或其他万能胶。在门扇四边及塑料条上涂胶，待胶不黏手时，两人配合从一头慢慢将封边塑料条与门边贴合，塑料封边条贴好后用装饰刀将其修齐。

(3) 组合框扇

按照施工质量验收规范要求装好合页五金。安装时注意保护门扇塑料花纹，不要破坏板面及封边条。

成品门要加保护装置，以防搬运时碰伤门扇表面。

(4) 制作双层窗框

双层窗框在制作时要知道双层窗框料的宽度，先要知道玻璃窗扇的厚度尺寸、中腰档尺寸，还有纱窗扇厚度尺寸，框料宽度为 95 mm 左右，厚度不少于 50 mm，具体尺寸还要根据材料的大小来确定，如图 4-72 所示。

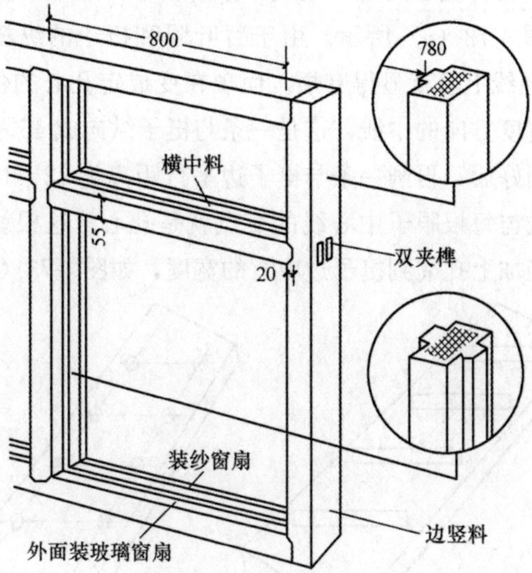

图 4-72 双层窗框制作

画线时应该先画出一根样板料。在样板料上先画出扫脚线、中腰档和窗扇高度尺寸，还有横中档、腰头窗扇和榫位尺寸。如果大批量画线，可以用两根方料斜搭在墙上，在料的下段各钉 1 只螳螂子，然后在上下各放 1 根样板，中间放 10 多根白料，经搭放后，用丁字尺照样画下来，经画线后再凿眼、锯榫、割角和裁口。

纱窗框一般使用双夹榫，使用 14 mm 凿子，裁口深度为 10 mm。

横中料在画割角线时，如果窗框净宽度为 800 mm，应该在 780 mm 的位置上搭角。向外另放 20 mm 作为角的全长。如果横中料的厚度为 55 mm，在画竖料眼子线时，搭角在外线，眼子在里线。

3.5 制作百叶窗

(1) 梃子画线

以前，百叶梃子的眼子墨线一般都需画 4 根线，围成一个长方形，如图 4-73（a）所示。由于百叶眼和梃子的纵横向一般为 45°，所以画线上墨就显得麻烦。而现在变成定孔心的位置，先画出百叶眼宽度方向的中线，这是一条与梃子纵向成 45°的线，百叶眼的中线画好后，再画一条与梃子边平行距离为 12～15 mm 的长线，这根线与每根眼子中心线的交点就是孔心。这根线的定法是以孔的半径加上孔周到梃子边应有的宽度，如图 4-73（b）所示。

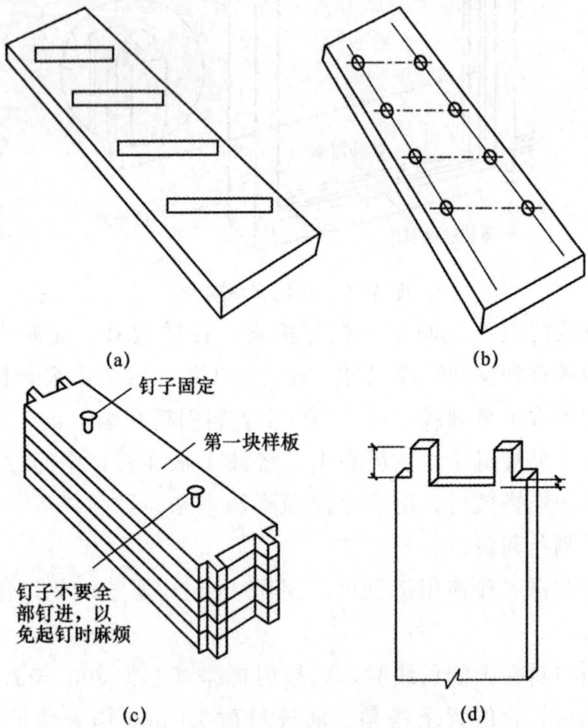

图 4-73　百叶窗的钻孔做榫

（a）百叶眼习惯画法；（b）改进后百叶梃子画法；

（c）按样木制作百叶板；（d）百叶窗榫长及比肩要求

(2) 钻孔

把画好墨线的百叶梃子用铳子在每个孔心位置铳个小弹坑。铳了弹坑之后，钻孔一般不会偏心。当百叶厚度为 10 mm 时，采用 $\phi10$ 或 $\phi12$ 的钻头，孔深一般在 15～20 mm之间。

(3) 百叶板制作

由于百叶眼已被两个孔代替，所以百叶板的做法也必须符合孔的要求，就是在百叶两端分别做出与孔对应的两个榫，以便装牢百叶板。制作时，先画出一块百叶板的样子，定出板的宽窄、长短和榫的大小位置（一般榫宽与板厚一致，榫头是个正方形）。把刨压好的百叶板按要求的长短、宽窄截好后，用钉子把数块百叶板拼齐整后钉好，按样板锯榫、拉肩、凿夹，就成了可供安装的百叶板了，如图 4-73（c）所示。要注意榫长应略小于孔深，中间凿去部分应略比肩低，如图4-73（d)所示，才能避免不严实的情况。另外，榫是方的，孔是圆的，一般不要把榫棱打去，可以直接把方榫打到孔里去，这样嵌进去的百叶板就不会松动了。

这种方法制作简便、省工，成品美观。制作时，采用手电钻、手摇钻或是台钻，甚至手扳麻花钻都可以。

3.6 制作纱窗扇

纱窗扇是由两根梃、一根心子、两个冒头组成，如图 4-74 所示。在画线时，先把窗扇全长线画出，然后向里画出两个冒头，定出冒头眼子，再画出中间窗心子。窗梃割角 1 cm，纱窗反面裁掉 1 cm，一般使用 1 cm 凿子。在与冒头相接合的部位，凿出 0.5 cm 深的半肩眼，在冒头上也要做出 0.5 cm 长的半肩榫，在下楔时，要防止冒头开裂和不平。在纱窗长期使用过程中，半肩可以起一定的加固作用。窗心子使用一面肩，一面榫头，正面统一使用 1 cm 圆线。

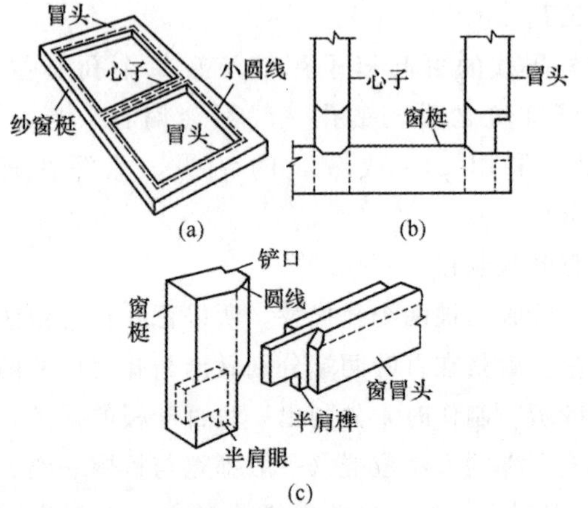

图 4-74　纱窗扇制作

窗扇做成后，刨 12 mm×10 mm 见方的木条，把条子刨成小圆角。在钉条子之前，应该把条子锯成需要的长度，两端锯成割角后就可以钉窗纱了。钉窗纱时，把窗纱放在窗扇上铺平，先把条子放在窗扇的一边，每隔 10 cm 距离用一根钉子钉牢。然后再在另一边把窗纱拉紧，用木条把窗纱钉牢。四面钉上木条以后，用斜凿把多余的窗纱割去。如果用圆线条固定窗纱，窗扇看上去就像有两个正面一样。

3.7　安装木门窗立口

门框立口与窗框立口操作基本相同，但不如窗框立口复杂，现以窗框立口为例。窗框的安装有先立口和后立口两种方法。

先立口大致分为两步：第一步，按图样规定的尺寸在墙上放线，确定窗口的位置，放完线后要认真对照图样复核；第二步，窗口就位和校正。

立窗口时，可以采用水平尺和线坠。一般采用线坠，短水平尺有时容易产生误差。线坠使用时最好把线坠挂在靠尺上。这里所说的靠尺，是由两个十字形连在一起的尺子，这种尺使用起来既方便又准确。不论使用哪一种方法立口，都应该校正两个方向，应按规定顺序操作，先校正口的正面，后校正口的侧面，不允许反向操作。

立完口以后，简单的固定窗口方法是在口上压上砖块。在口的侧面校正后，固定口上端的简单方法是在口的上端与地面斜支撑钉连。一般1 m宽以内的口，设一道支撑，超过1 m宽的口，设两道支撑。

在有些设计图上，单面清水外墙的窗框立在中线上，在施工时不应该立在正中，应稍向外偏一些，如图4-75所示。这是因为木砖加灰缝的尺寸是140～150 mm，而窗框料厚度是70～90 mm，小于木砖。如果立在正中，框外清水墙的条砖与木砖之间，就露出一个大立缝或露出木砖。如果向外偏一些，盖住立缝，木砖露在框的里侧，室内抹灰时就可以盖住木砖，墙内外侧都比较美观。

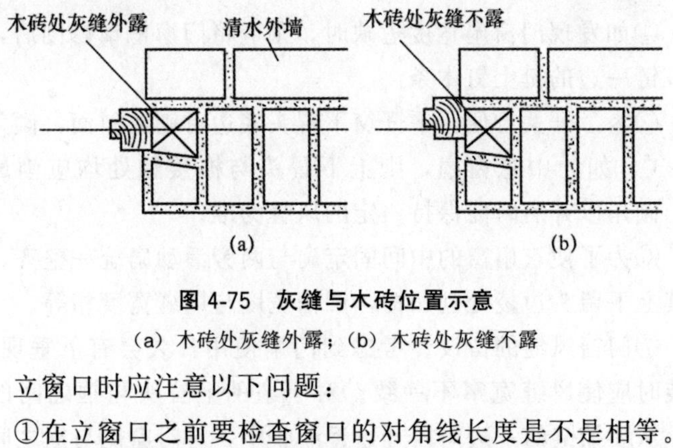

图4-75 灰缝与木砖位置示意

（a）木砖处灰缝外露；（b）木砖处灰缝不露

立窗口时应注意以下问题：

①在立窗口之前要检查窗口的对角线长度是不是相等。

②在立框前首先要检查门窗型号、门窗的开启方向，窗框还有立中、立内平、立外平，还应验收门窗框的质量，如有变形、裂纹、节疤、腐朽应及时剔除。

③后立窗口要等砌筑砂浆具有一定强度后才能进行。

④立窗口时，口的立边底下一定要垫上木块，使口下端与砖墙保持一定空隙，不能垫砌筑砂浆。

3.8 安装木门窗扇

安装木门窗扇时应注意以下问题：

①安装木门窗扇时，要检查框扇的质量及尺寸，如发现框子偏歪或窗扇扭翘，应及时修正。

②安装时，要量好框口净尺寸，考虑风缝的大小，再在扇上确定所需高度和宽度，然后进行修刨。修刨时，先将门窗扇梃的余头锯掉。对扇的下冒头边略微修刨，再修刨上冒头。门窗扇梃两边要同时修刨，不要只刨一边的梃，双扇门窗要对口后，再修刨两边的边梃。

③如发现门窗扇高度上的短缺时，应将上冒头修刨后测量出补钉板条的厚度。把板条按需刨光，钉于框的下冒头下面，这时门窗扇梃下端余头要留下，与板条面一起修刨平齐。不得先锯余头，再补钉板条。

④如发现门窗扇宽度短缺时，则应将门窗框扇修刨后，在装铰链一边的梃上钉木条。

⑤为了开关方便，平开窗下冒头底边可刨成斜面，倾角约3°～5°，如为中悬窗扇，则上下冒头与框接触处均应刨成斜面，倾角以开启时能保持一定的风缝为准。

⑥为了使三扇窗的中间固定扇与两旁活动扇统一整齐，宜在其上下留头边棱处刨凹槽，凹槽宽度与风缝宽度相等。

⑦门窗风缝的留设。考虑到门扇使用日久会有下垂现象，初装时应使风缝宽窄不一致。对于扇的上冒头与框之间的风缝，从装铰链的一边向摇开边逐渐收小，对门窗梃与框之间的风缝则应从上向下逐渐放大。使用日久，风缝则可形成一致。

⑧风缝的留设，主要是为了使门窗扇开关方便，防止油漆涂料被磨掉；另外，也为外开门窗扇受淋潮湿后所产生的小量膨胀留有余量。

⑨风缝大小一般为：门窗的对口处及扇与框之间应留1.5～2.5 mm；但工业厂房双扇大门扇的对口处，应留25 mm。

门扇与地面之间应留空隙为：外门 4～5 mm，内门 6～8 mm，卫生间的门 10～12 mm，工业用房大门 10～20 mm。

⑩安装门窗时，应先将窗扇试装于框口中，用木楔垫在下冒头下面的缝并揳紧，看看四周风缝大小是否合适，双扇门窗还要看看两扇的冒头或窗棂是否对齐和呈水平状态，认为合适后在门窗及框上画出铰链位置线，取下门窗扇，装钉五金，进行安装。

3.9 安装木门窗五金

(1) 装铰链(图 4-76)

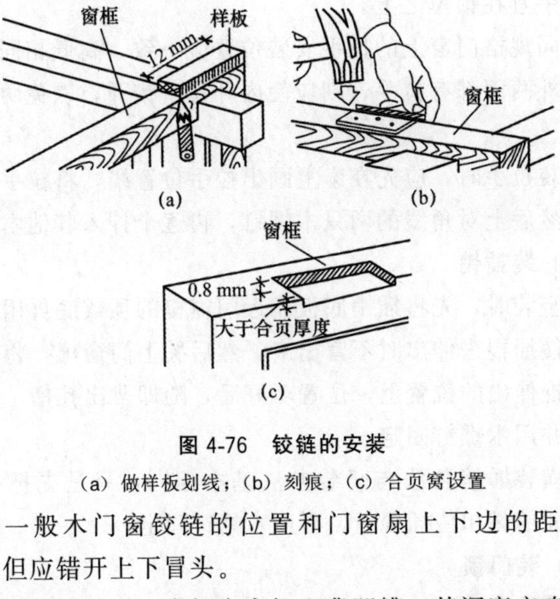

图 4-76 铰链的安装

(a) 做样板划线；(b) 刻痕；(c) 合页窝设置

①一般木门窗铰链的位置和门窗扇上下边的距离约为 1/10，但应错开上下冒头。

②安装铰链时，在门窗扇梃上凿凹槽，其深度应略比合页板厚度大一点，使合页板装入后不致突出。根据风缝大小，凹槽深度应有所不同，如果风缝较小，则凹槽深度应偏大；如果风缝较大，则凹槽深度应偏小。凹槽凿好后，将铰链页板装入，并使转轴紧靠扇边棱，用木螺钉上紧。在上木螺钉时，不得用锤子依次打入，应先打入 1/3 再拧入。然后将门窗扇试装入框口内，上下铰链处先各拧入一只木螺钉后，检查门窗扇的

四周风缝的大小，如果不合适，要退出木螺钉修凿凹槽，经检查无误后，再将其余木螺钉逐个拧入上紧。

③门窗扇安装妥后，要试开。不能产生自开、自关现象，应以开到哪里就停到哪里为佳。

(2) 装拉手

①门窗拉手应在上框之前装设。拉手的位置应在门窗扇中线以下。门拉手一般距地面 0.8～1.2 m。窗拉手一般距地面 1.5～1.6 m。拉手距扇边应不少于 40 mm。当门上有弹簧锁时，拉手宜在锁位之上。

②同规格门窗上的拉手安装位置应一致，高低相同。如门窗扇内外两面都有拉手，则应使内外拉手错开，以免两面木螺钉相碰。

③装拉手时，应先在扇上画出拉手位置线，将拉手平放于扇上，然后上对角线的两只木螺钉，再逐个拧入其他木螺钉。

(3) 装插销

①竖装时，先将插销底板靠近门窗梃的顶或底再用木螺钉固定，使插棍未伸出时不冒出来，然后关上门窗扇，将插销鼻放入插棍伸出的位置上，位置对好后，随即凿出孔槽，放入插销鼻，并用木螺钉固定。

②横装插销装法与竖装方法基本相同，只是先把插棍伸出，将插销鼻扣住插棍后，再用木螺钉固定。

(4) 装门锁

门锁种类非常繁杂，下面以内开门装弹子锁为例。

①门锁都有安装图，装锁前应看好说明，将包装内的图折线对准门扇的阳角安锁的位置贴好，先在门扇安装锁的部位用钻头钻孔用于安装锁身和锁舌孔。

②安装时，应先装锁身。把锁头套上锁芯穿入孔洞内，将三眼板套入锁芯，端正锁位（把商标摆正），用长脚螺钉将三眼板（即锁身）和锁头互相拴紧定位，再将锁身紧贴于门梃

上，与锁芯插入锁身的孔眼中，用钥匙试开，看其锁舌伸出或缩进是否灵活，然后用木螺钉将锁身固定在门上。

③按锁舌伸出位置在框上画出舌壳位置线，依线凿出凹槽，用木螺钉把锁舌壳固定在框上。锁壳安装时应比锁身稍低些，以锁舌能自由伸入或退出即可。这样，门扇日久下垂后，锁身与锁壳就能平齐。

④安装时，锁身和锁壳应缩进门 0.5～1 mm。这样可使门开关灵活。而且在门关不上时，也可刨削门扇边梃。

⑤外开门装弹子锁时，应先将锁身拆开，把锁舌翻身，重新装好，按内开门装锁方法进行安装。安外开门锁时，原有舌壳不能用，应另配一个锁舌折角，把折角往门框上安装时，折角表面应与门框面齐平或略微凹进一点。

3.10 安装木门窗玻璃

安装木门窗玻璃应注意以下问题：

①门窗玻璃安装顺序，一般先安外门窗，后安内门窗，按先西北后东南的顺序安装；如果因工期要求或劳动力允许，也可同时进行安装。

②玻璃安装前应清理裁口。先在玻璃底面与裁口之间，沿裁口的全长均匀涂抹 1～3 mm 厚的底油灰，接着把玻璃推铺平整、压实，然后收净底油灰。

③木门窗玻璃推平、压实后，四边分别钉上钉子，钉子间距为 150～200 mm，每边不少于 2 个钉子，钉完后用手轻敲玻璃，响声坚实，说明玻璃安装平实；如果响声啪啦啪啦，说明油灰不严，要重新取下玻璃，铺实底油灰后，再推压挤平，然后用油灰填实，将灰边压平压光，并不得将玻璃压得过紧。

④木门窗固定扇玻璃安装，应先用扁铲将木压条撬出，同时退出压条上小钉，并在裁口处抹上底油灰，把玻璃推铺平整，然后嵌好四边木压条将钉子钉牢，底灰修好、刮净。

⑤安装斜天窗的玻璃，如设计没有要求时，应采用夹丝玻

璃，并应从顺流方向盖叠安装。盖叠安装搭接长度应视天窗的坡度而定，当坡度为1/4或大于1/4时，不小于30 mm；坡度小于1/4时，不小于50 mm，盖叠处应用钢丝卡固定，并在缝隙中用密封膏嵌填密实；如果用平板或浮法玻璃时，要在玻璃下面加设一层镀锌铅丝网。

⑥门窗安装彩色玻璃和压花，应按照明设计图案仔细裁割，拼缝必须吻合，不允许出现错位、松动和斜曲等缺陷。

⑦安装窗中玻璃，按开启方向确定定位垫块，宽度应大于玻璃的厚度，长度不宜小于25 mm，并应符合设计要求。

⑧玻璃安装后，应进行清理，将油灰、钉子、钢丝卡及木压条等随即清理干净，关好门窗。

⑨冬季施工应在已经安装好玻璃的室内作业（即内门窗玻璃），温度应在0℃以上；存放玻璃库房与作业面的温度不能相差过大，玻璃如果从过冷或过热的环境中运入操作地点，应待玻璃温度与室内温度相近后再进行安装；如果条件允许，要先将预先裁割好的玻璃提前运入作业地点。外墙铝合金框扇玻璃不宜冬季安装。

3.11 安装木窗帘盒

(1) 制作窗帘盒

窗帘盒可以做成多种式样，如图4-77所示为常用的单轨明、暗窗帘盒示意图。首先根据施工图或标准图的要求，进行选料、配料，先加工成半成品，再细致加工成型。加工时一般是将木料用大刨刨光，再用线刨子顺着木纹起线，线条光滑顺直、深浅一致，线型力求清秀。然后根据图样进行组装，组装时先抹胶再用钉子钉牢，将溢胶及时擦净。不得有明榫，不得露钉帽。

当采用木制窗帘杆时，在窗帘盒横头板上打眼，一端打成上下眼（上眼深、下眼浅）；另一端则只打一浅眼（与前者浅

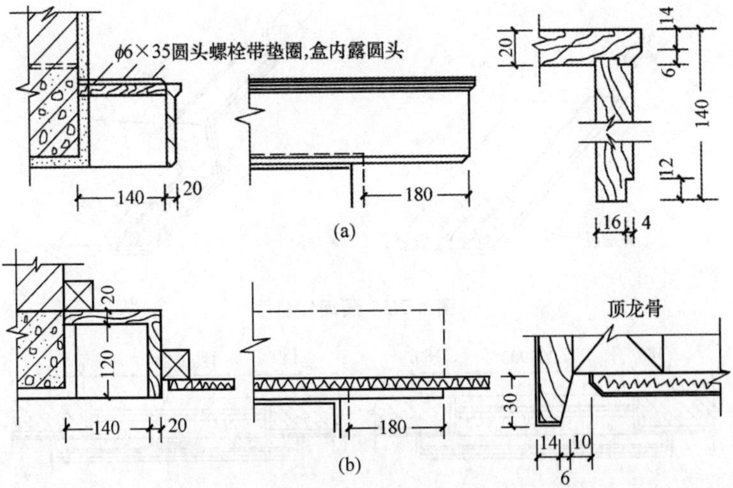

图 4-77 单轨帘盒示意

(a) 单轨明窗帘盒示意；(b) 单轨暗窗帘盒示意

眼相对称)，这样便于安装木杆。

(2) 检查窗盒的预埋件

为将窗帘盒安装牢固，位置正确，应先检查预埋件。

木窗帘盒与墙固定，少数在墙内砌入木砖，多数预埋铁件。预埋铁件的尺寸、位置及数量应符合设计要求。如果出现差错应采取补救措施，如预埋件不在同一标高时，应进行调整，使其高度一致；如预制过梁上漏放预埋件，可利用射钉枪或胀管螺栓将铁件补充固定，或者将铁件焊在过梁的箍筋上。图 4-78 为常用的预埋铁件。

(3) 安装窗帘盒

窗帘轨道安装前，先检查是否平直，如有弯曲应调直后再安装。明窗帘盒宜先安装轨道，暗窗帘盒可后安装轨道。当窗宽大于 1.2 m 时，窗帘轨中间应断开，断头处煨弯错开，弯曲度应平缓，搭接长度不少于 200 mm。图 4-79 为单轨窗帘盒仰视平面图。

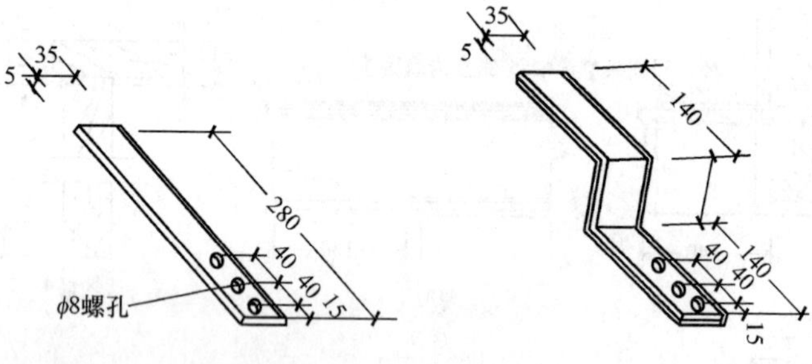

图 4-78　预埋铁件

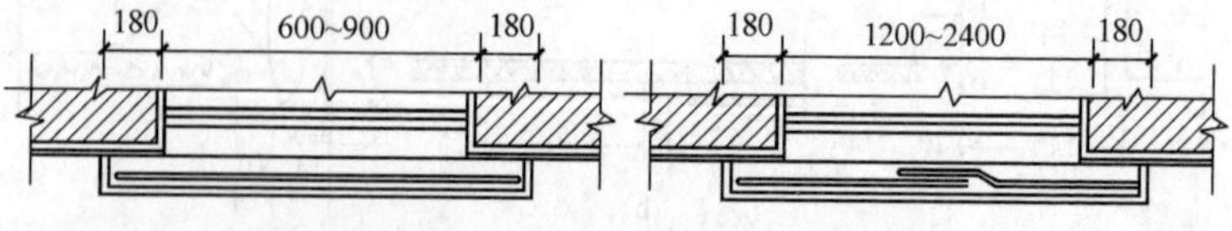

图 4-79　单轨窗帘盒仰视平面图

窗帘盒的长度由窗洞口的宽度决定，一般窗帘盒的长度比窗洞口的宽度大 300 mm 或 360 mm。

根据室内 50 cm 高的标准水平线往上量，确定窗帘盒安装的标高。在同一墙面上有几个窗帘盒。安装时应拉通线，使其高度一致。将窗帘盒的中线对准窗洞口中线，使其两端高度一致。窗帘盒靠墙部分应与墙面紧贴，无缝隙。如墙面局部不平，应刨盖板加以调整。根据预埋铁件的位置，在盖板上钻孔，用机螺栓加垫圈拧紧。如挂较重的窗帘，明窗帘盒安装轨道采用机螺钉；暗窗帘盒安装轨道时，小角应加密，木螺钉不小于 30 mm。

3.12　安装木窗台板

(1) 定位与划线

根据设计要求的窗下框标高、位置，画出窗台板的标高、位置线，为使同房间或连通窗台板的标高和纵横位置一致，安装时应统一抄平，使标高统一。

(2) 检查预埋件

找位与划线后，检查窗台板、暖气罩安装位置的预埋件，是否符合设计与安装的连接构造要求，如有误差应进行修正。

(3) 安装支架

构造上需要设窗台板支架的，安装前应核对固定支架的预埋件，确认标高、位置无误后，根据设计构造进行支架安装。

(4) 安装木窗台板

在窗下墙顶面木砖处，横向钉梯形断面木条（窗宽大于1 m时，中间应以间距500 mm左右加钉横向梯形木条），用以找平窗台板底线。窗台板宽度大于150 mm的，拼合板面底部横向应穿暗带。安装时应插入窗框下帽头的裁口，两端伸入窗口墙的尺寸应一致，保持水平，找正后用砸扁钉帽的钉子钉牢，钉帽冲入木窗台板面2 mm。

(5) 安装预制水泥窗台板、预制水磨石窗台板、石料窗台板

按设计要求找好位置，进行预装，标高、位置、出墙尺寸符合要求，接缝平顺严密，固定件无误后，按其构造的固定方式正式固定安装。

(6) 安装金属窗台板

按设计构造要求，核对标高、位置、固定件后，先进行预装，经检查无误，再正式安装固定。

3.13 安装窗台暖气罩

(1) 安装固定式暖气罩

安装前应先在墙面、地面弹线，确定暖气罩的位置，暖气罩的长度应比散热片长100 mm，高度应在窗台以下或与窗台接平，厚度应比暖气宽10 mm以上，散热罩面积应占散热片面积80%以上。

在墙面、地面安装线上打孔后下木模，木模应进行防腐处理。按安装线的尺寸制作木龙骨架，将木龙骨架用圆钉固定在墙、地面上，木模距墙面小于 200 mm，距地面小于 150 mm，圆钉应钉在木模上。

散热罩的框架应刨光、平正。散热罩侧面板可使用五合板。顶面应加大悬板底衬，面饰板用三合板。面饰板安装前应在暖气罩框架外侧刷乳胶漆，面饰板对正后用射钉固定在木龙骨上，面板应预留出散热罩位置，边缘与框架平齐。

侧面及正面顶部用木线条收口。制作散热罩框，框架应刨光、平正，尺寸应与龙骨上的框架吻合，侧面压线条收口，框内可做造型。

(2) 安装活动式暖气罩

由于其搬动方便，可进行维修作业，宽度比固定式暖气罩窄，占用空间少，所以适宜仅在墙面单独包暖气罩而不做其他连体家具时使用。

活动式暖气罩应视为家具制作，根据散热片的长、宽、高尺寸，按长度大于 100 mm、高度大于 50 mm、宽度大于 15 mm的尺寸，预先制作三面有侧板及散热网的罩框，将罩框直接安装在散热片上即可。

3.14 安装铝合金门窗

(1) 划线定位

①根据设计图样中门窗的安装位置、尺寸和标高，从门窗中线向两边量出门窗边线。若为多层或高层建筑时，以顶层门窗边线为准，用线坠或经纬仪将门窗边线下引，并在各层门窗口处划线标记，对个别不直的口边应剔凿处理。

②门窗的水平位置应以楼层室内＋50 cm 的水平线为准向上反量出窗下皮标高，弹线找直。每一层必须保持窗下皮标高一致。

(2) 确定安装位置

根据外墙大样图及窗台板的宽度，确定铝合金门窗在墙厚方向的安装位置；如外墙厚度有偏差时，原则上应以同一房间窗台板外露尺寸一致为准，窗台板应伸入铝合金窗的窗下5 mm为宜。

(3) 安装铝合金窗披水

按施工图纸要求将披水固定在铝合金窗上，且要保证安装位置正确。

(4) 作防腐处理

①门窗框两侧的防腐处理应按设计要求进行。如设计无要求时，可涂刷防腐材料，如橡胶型防腐涂料或聚丙烯树脂保护装饰膜，也可粘贴塑料薄膜进行保护，避免填缝水泥砂浆直接与铝合金门窗表面接触，产生电化学反应，腐蚀铝合金门窗。

②铝合金门窗安装时，连接件最好选用不锈钢件，若采用连接铁件固定，铁件应进行防腐处理。

(5) 安装就位

根据画好的门窗定位线，安装铝合金门窗框并及时调整好门窗框的水平、垂直及对角线长度等符合质量标准，然后用木楔临时固定。

(6) 固定铝合金门窗

①当墙体上预埋有铁件时，可直接把铝合金门窗的铁脚直接与墙体上的预埋铁件焊牢，然后在焊接处做防锈处理。

②当墙体上没有预埋铁件时，可用金属膨胀螺栓或塑料膨胀螺栓将铝合金门窗的铁脚固定到墙上。

③当墙体上没有预埋铁件时，也可用电钻在墙上打80 mm深、直径为6 mm的孔，用L形80 mm×50 mm的6 mm钢筋长的一端涂抹108胶水泥浆，然后打入孔中。待108胶水泥浆终凝后，再将铝合金门窗的铁脚与埋置的6 mm钢筋焊牢。铝合金门窗安装节点如图4-80所示。

(7) 处理门窗框与墙体缝隙

铝合金门窗固定好后，应及时处理门窗框与墙体缝隙。如

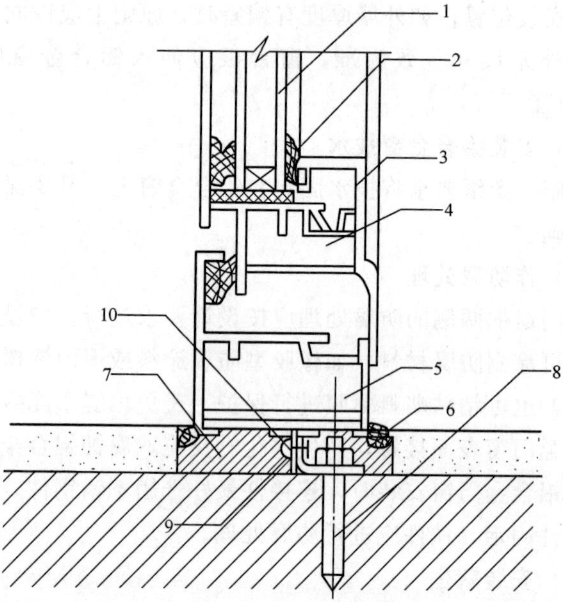

图 4-80　铝合金门窗安装节点

1—玻璃；2—橡胶条；3—压条；4—内扇；5—外框；6—密封膏；7—保温材料；8—膨胀螺栓；9—铆钉；10—塑料垫

设计未规定填塞材料品种时，应采用矿棉或玻璃棉毡条分层填塞缝隙，外表面留 5～8 mm 深槽口填嵌嵌缝膏，严禁用水泥砂浆填塞。在门窗框两侧进行防腐处理后，可填嵌设计指定的保温材料和密封材料。待铝合金窗和窗台板安装后，将窗框四周的缝隙同时填嵌，填嵌时用力不应过大，防止窗框受力后变形。

(8) 安装铝合金门框

①将预留门洞按铝合金门框尺寸提前修理好。

②在门框的侧边固定好连接铁件（或木砖）。

③门框按位置立好，找好垂直度及几何尺寸后，用射钉或自攻螺栓将其门框与墙体预埋件固定。

④用保温材料填嵌门框与砖墙（或混凝土墙）的缝隙。

⑤用密封膏填嵌墙体与门窗框边的缝隙。

(9) 安装地弹簧座

根据地弹簧安装位置，提前剔洞，将地弹簧放入剔好的洞内，用水泥砂浆固定。

地弹簧安装质量必须保证地弹簧座的上皮一定与室内地平一致，地弹簧的转轴轴线一定要与门框横料的定位销轴心线一致。

(10) 安装门窗扇及玻璃

①门窗扇和门窗玻璃应在洞口墙体表面装饰完工验收后安装。

②推拉门窗在门窗框安装固定后，将配好玻璃的门窗扇整体安入框内滑槽，调整好与门窗扇的缝隙即可。

③铝合金框扇安装玻璃前，应清除铝合金框的槽口内所有灰渣、杂物等，畅通排水孔。在框口下边槽口放入橡胶垫块，以免玻璃直接与铝合金框接触。

④安装玻璃时，使玻璃在框口内准确就位，玻璃安装在凹槽内，内外侧间隙应相等，间隙宽度一般在 2～5 mm。

⑤采用橡胶条固定玻璃时，先用 10 mm 长的橡胶块断续地将玻璃挤住，再在胶条上注入密封胶，密封胶要在周边内连续注满，注入均匀。

⑥采用橡胶块固定玻璃时，先将橡胶压条嵌入玻璃两侧密封，然后将玻璃挤住，再在其上面注入密封胶。

⑦采用橡胶压条固定玻璃时，先将橡胶压嵌入玻璃两侧密封，容纳后将玻璃挤紧，上面不再注密封胶。橡胶压条长度不得短于所需嵌入长度，不得强行嵌入胶条。

⑧地弹簧门应在门框及地弹簧主机入地安装固定后再安门扇。先将玻璃嵌入门扇格架并一起入框就位，调整好框扇缝隙，最后填嵌门扇玻璃的密封条及密封胶。

(11) 安装五金配件

五金配件与门窗连接用镀锌螺钉。安装的五金配件应结实牢固，使用灵活。

3.15 安装钢门窗

(1) 画线定位

①图纸中门窗的安装位置、尺寸和标高，以门窗中线为准向两边量出门窗边线。如果工程为多层或高层时，以顶层门窗安装位置线为准，用线坠或经纬仪将顶层分出的门窗边线标画到各楼层相应位置。

②从各楼层室内＋50 cm 水平线量出门窗的水平安装线。

③依据门窗的边线和水平安装线做好各楼层门窗的安装标记。

(2) 钢门窗就位

①按图纸中要求的型号、规格及开启方向等，将所需要的钢门窗搬运到安装地点，并垫靠稳当。

②将钢门窗立于图纸要求的安装位置，用木楔临时固定，将其铁脚插入预留孔中，然后根据门窗边线、水平线及距外墙皮的尺寸进行支垫，并用托线板靠吊垂直。

③钢门窗就位时，应保证钢门窗上框距过梁要有 20 mm 缝隙，框左右缝宽一致，距外墙皮尺寸符合图纸要求。

④阳台门连窗，可先拼装好再进行安装，也可分别安装门和窗，现拼现装，总之应做到位置正确、找正、吊直。

(3) 固定钢门窗

①钢门窗就位后，校正其水平和正、侧面垂直，然后将上框铁脚与过梁预埋件焊牢，将框两侧铁脚插入预留孔内，用水把预留孔内湿润，用 1∶2 较硬的水泥砂浆或 C20 细石混凝土将其填实后抹平。终凝前不得碰动框扇。

②三天后取出四周木楔，用 1∶2 水泥砂浆把框与墙之间

的缝隙填实，与框同平面抹平。

③若为钢大门时，应将合页焊到墙中的预埋件上。要求每侧预埋件必须在同一垂直线上，两侧对应的预埋件必须在同一水平位置上。

(4) 裁纱、绷纱

裁纱要比实际尺寸每边各长 50 mm，以利压纱。绷纱时先将纱铺平，将上压条压好、压实，用平头螺钉拧紧，将纱拉平绷紧装下压条，拧螺钉，然后再装两侧压条，用平头螺钉拧紧，将多余的纱用扁铲割掉，要切割干净不留纱头。

(5) 刷油漆

①纱扇油漆：绷纱前应先刷防锈漆一道，调和漆一道。绷纱后在安装前再刷油漆一道，其余两道调和漆待安装后再刷。

②钢门窗油漆应在安装前刷好防锈漆和头道调和漆，安装后与室内木门窗一起再刷两道调和漆。

③门窗五金应待油漆干后安装；如需先行安装时，应注意防止污染和丢失、损坏。

(6) 安装五金配件

①检查窗扇开启是否灵活，关闭是否严密，如有问题必须调整后再安装。

②在开关零件的螺孔处配置合适的螺钉，将螺钉拧紧。当拧不进去时，检查孔内是否有多余物。若有，将其剔除后再拧紧螺钉。当螺钉与螺孔位置不吻合时，可慢慢挪动位置，待螺钉与螺孔位置吻合后，重新攻丝后再安装。

③钢门锁的安装按说明书及施工图要求进行，安好后锁应开关灵活。

(7) 安装钢门窗玻璃

将玻璃装进框口内轻压使玻璃与底油灰粘住，然后沿裁口玻璃边外侧装上钢丝卡，钢丝卡要卡住玻璃，其间距不得大于 300 mm，且框口每边至少有两个。经检查玻璃无松动时，再沿裁口全长抹油灰，油灰应抹成斜坡，表面抹光平。如框口玻璃采用压条固定时，则不抹底油灰，先将橡胶垫嵌入裁口内，装上玻璃，随即装压条用螺钉固定。

3.16 安装护墙板

(1) 施工顺序

施工顺序如图 4-81 所示。

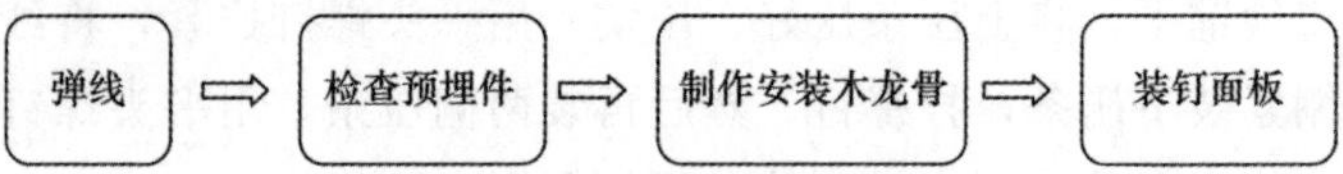

图 4-81 护墙板施工流程

(2) 施工准备

根据施工图上的尺寸，先在墙上画出水平标高。弹出分档线。根据分档线在墙上加木橛或预先砌入木砖。木砖（或木橛）位置应符合龙骨分档尺寸。木砖的间距横竖一般不大于 400 mm，如木砖位置不适用，可补设，如图 4-82 所示。

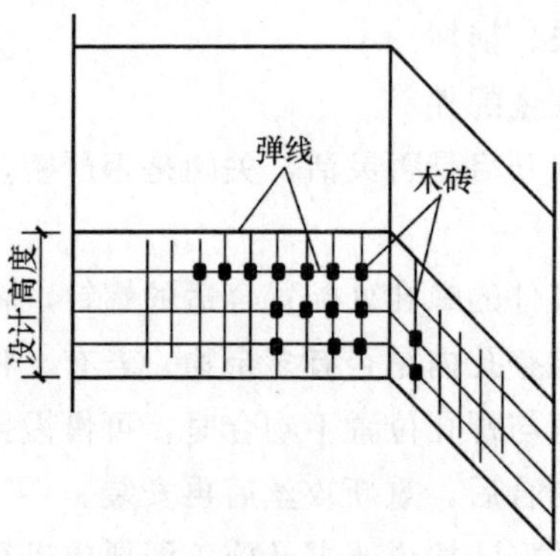

图 4-82 墙面弹线、加木砖

(3) 制作安装木龙骨

全高护墙板根据房间四角和上下龙骨先找平、找直，按面板分块大小由上到下做好木标筋，然后在空档内根据设计要求钉横竖向龙骨。局部护墙板根据高度和房间大小，做成龙骨架，整片或分片安装。在龙骨与墙之间铺油毡一层防潮。龙骨间距，一般横龙骨间距为 400 mm，竖向龙骨间距为 500 mm。如面板厚度在 10 mm 以上时，横龙骨间距可放大到 450 mm。

龙骨必须与每一块木砖钉牢。如果没埋木砖，也可用钢钉直接把木龙骨钉入水泥砂浆面层上固定。

当木龙骨钉完，要检查表面平整与立面垂直，阴阳角用方尺套方。调整龙骨表面偏差所垫的木垫块，必须与龙骨钉牢。龙骨安装如图 4-83 所示。需隔声时，如练歌房等，中间可填隔声轻质材料。

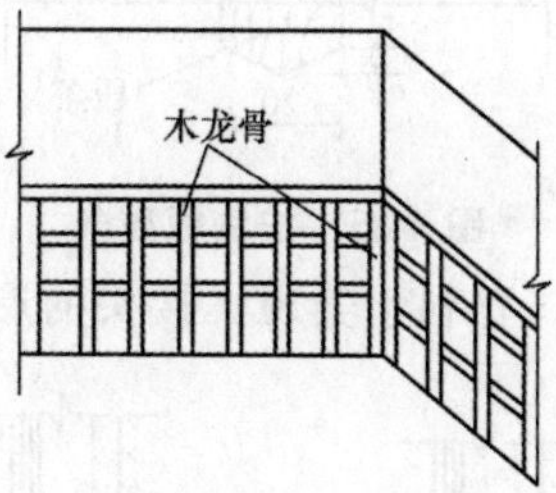

图 4-83　木龙骨的安装

(4) 装钉面板

面板上如果涂刷清漆显露木纹时，应挑选相同树种及颜色，木纹相近似的用在同一房间里，木纹根部向下、对称、颜色一致、无污染、嵌合严密、分格拉缝均匀一致、顺直光洁。如果面板上涂刷色漆时可不限。木板的年轮凸面应向内放置。

护墙板面层一般竖向分格拉缝以防翘鼓。

面板的固定可以在木龙骨上刷胶黏剂，将面板粘在木龙骨上，然后钉小钉（目的是使面板和木龙骨粘贴牢固），待胶黏剂干后，将小钉拔出。目前均用射钉枪。

护墙板面层的竖向拉缝形式有直拉缝和斜面拉缝两种，如图 4-84 所示。为了美观，竖向拉缝处也可钉嵌压条，如图 4-85所示。

如果做全高护墙板，护墙板纵向需有接头，接头最后在窗

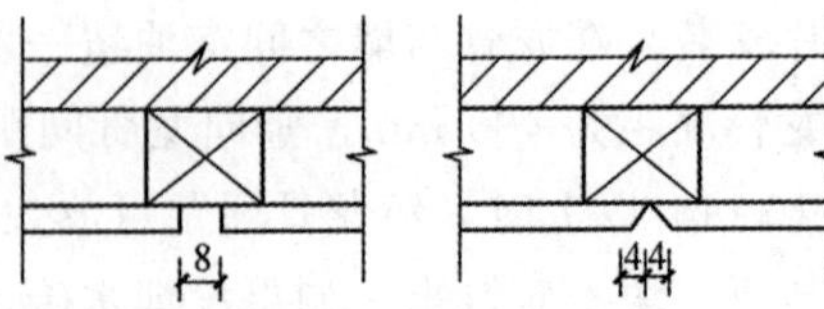

图 4-84 拉缝形式

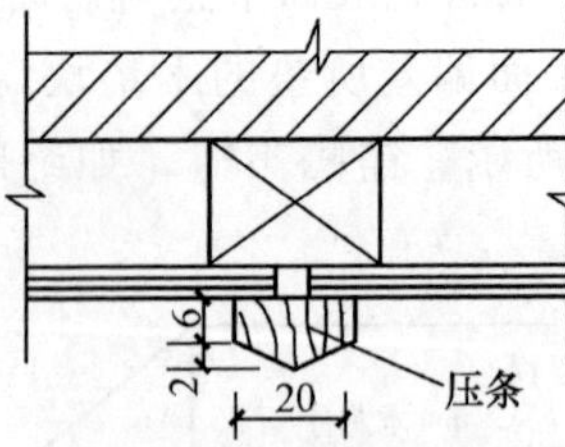

图 4-85 护墙板压条

口上部或窗台以下，有利于美观。接头的形式如图 4-86 所示。

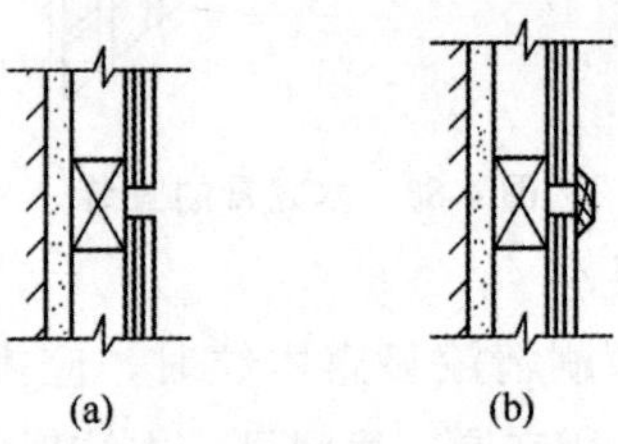

图 4-86 纵向接头

(a) 无盖条；(b) 有盖条

厚面板作面层时，板的背面应做卸力槽，以免板面弯曲，卸力槽间距不大于 150 mm，槽宽 10 mm，深 5～8 mm，如图 4-87 所示。

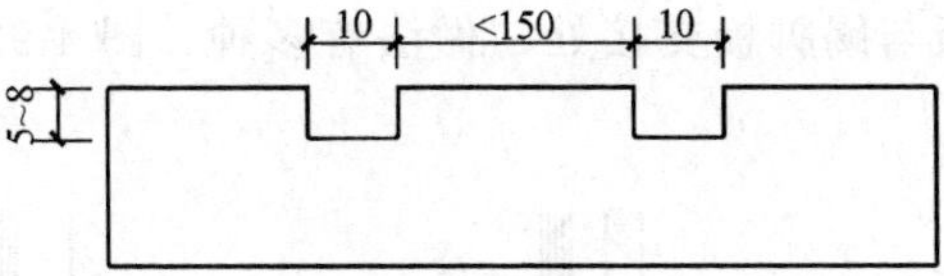

图 4-87 卸力槽

护墙板阳角的处理方法见图 4-88。护墙板阴角的处理方法见图 4-89。

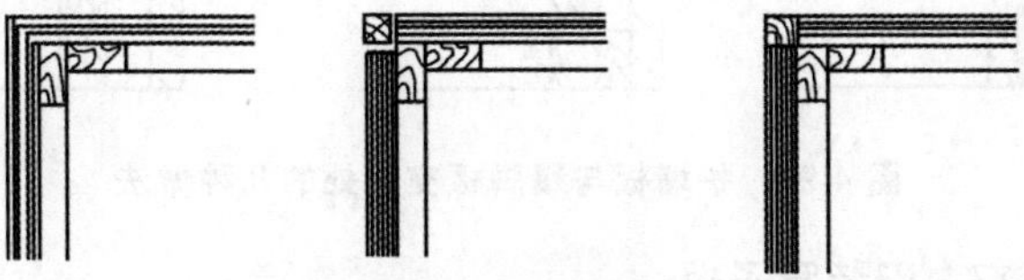

图 4-88 阳角处理

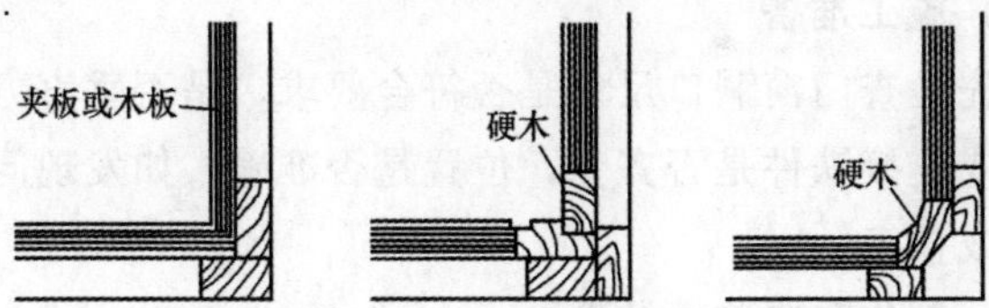

图 4-89 阴角处理

护墙板顶部要拉线找平，钉木压条。木压条规格尺寸要一致，挑选木纹、颜色近似的钉在一起。压条又称压顶，样式很多，见图 4-90。压线条的处理方法见图 4-91。

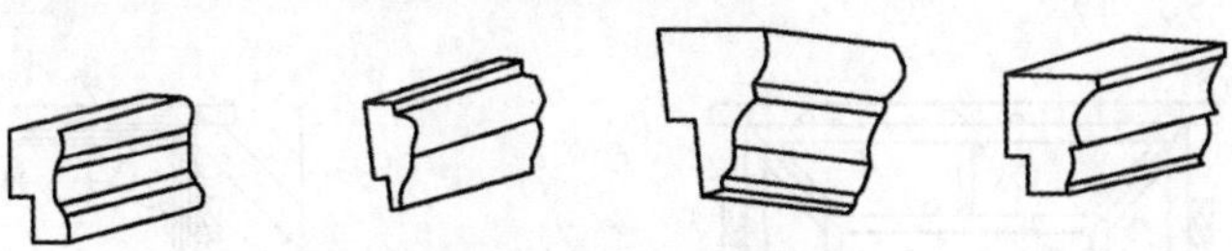

图 4-90 压线条

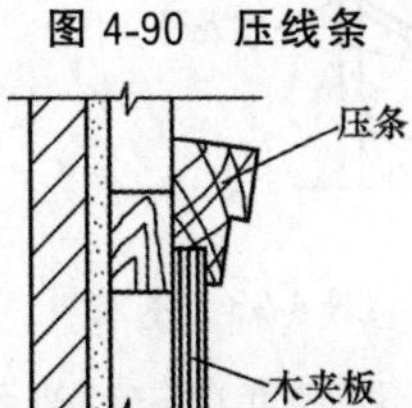

图 4-91 压条的处理

护墙板与踢脚板交接处的做法有多种，图 4-92 所示为几种做法。

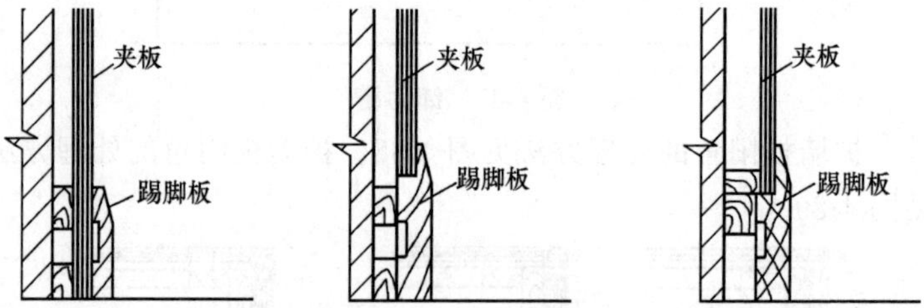

图 4-92　护墙板与踢脚板交接处的几种做法

3.17　安装筒子板

(1) 施工准备

首先检查门窗洞口尺寸是否符合要求，是否垂直方正，预埋木砖或连接铁件是否齐全，位置是否准确，如发现问题，必须修理或校正。

(2) 制作和安装木龙骨

根据门窗洞口实际尺寸，先用木方制成龙骨架。一般骨架分三片，洞口上部一片，两侧各一片。每片一般为两根立杆。当筒子板宽度大于 500 mm 需要拼缝时，中间适当增加立杆，图 4-93 所示。

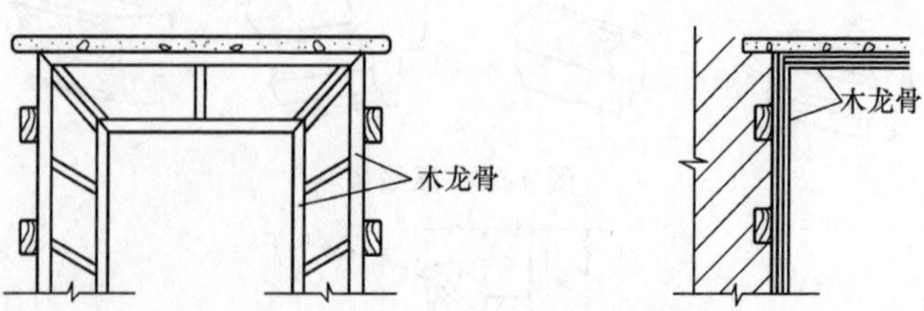

图 4-93　木龙骨

横撑间距根据筒子板厚度决定：当面板厚度为 10 mm 时，横撑间距不大于 450 mm；面板厚为 5 mm 时，横撑间距不大于 400 mm。横撑位置必须与预埋件位置对应。安装龙骨架一般先上端后两侧，洞口上部骨架应与预埋螺栓或铅丝拧紧。

龙骨架表面刨光，其他三面刷防腐剂（氟化钠）。为了防潮，龙骨架与墙之间应干铺油毡一层。龙骨架必须平整牢固，为安装面板打好基础。

(3) 装钉面板

面板应挑选木纹和颜色近似者用于同一房间。板的裁割要使其略大于龙骨架的实际尺寸，大面净光，小面刮直，木纹根部向下；长度方向需要对接时，木纹应通顺，其接头位置应避开视线平视范围。一般窗筒子板拼缝应在室内地坪 2 m 以上；门筒子板拼缝一般离地坪 1.2 m 以下。同时，接头位置必须留在横撑上。当采用厚木板材，板背应做卸力槽，以免板面弯曲，卸力槽一般间距为 100 mm，槽宽为 10 mm，深度为 5～8 mm。

固定面板所用钉子的长度为面板厚度的 3 倍，间距一般为 100 mm，钉帽要砸扁，并用较尖的冲子将钉帽顺木纹方向冲入面层 1～2 mm。

筒子板里侧要装进门窗框预先做好的凹槽里。外侧要与墙面齐平，割角严密方正。

3.18 安装贴脸板

(1) 制作贴脸板

首先检查配料的规格、质量和数量，符合要求后，先用粗刨刮一遍，再用细刨子刨光。先刨大面，后刨小面。刨得平直光滑，背面打凹槽。然后用线刨子顺木纹起线，线条应清晰、挺秀，并须深浅一致。如果做圆贴脸，必须先套出样板，然后根据样板划线刮料。

门窗贴脸板的式样很多，尺寸各异，应按照设计图样施工。其构造和安装形式见图 4-94。

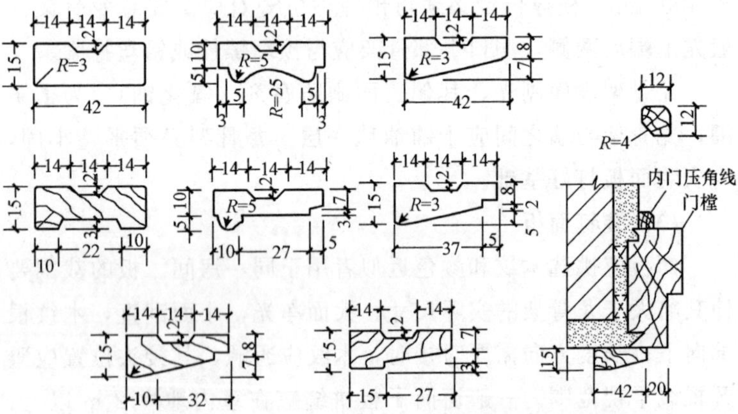

图 4-94　门窗贴脸板的构造与安装形式

(2) 装钉贴脸板

门框与窗框安装完毕，即可进行贴脸板的安装。

贴脸板距门窗口边为 15～20 mm。贴脸板的宽度大于 80 mm时，其接头应做暗榫；其四周与抹灰墙面须接触严密，搭盖墙的宽度一般为 20 mm，最少不应少于 10 mm。

装钉贴脸板，一般是先钉横的，后钉竖向的。先量出横向贴脸板所需的长度，两端锯成 45°斜角（即割角），紧贴在框的上坎上，其两端伸出的长度应一致。将钉帽砸扁，顺木纹冲入板表面 1～3 mm，钉长宜是板厚的 2 倍，钉距不大于500 mm。接着量出竖向贴脸板长度，钉在边框上。

贴脸板下部宜设贴脸墩，贴脸墩要稍厚于踢脚板。不设贴脸墩时，贴脸板的厚度不能小于踢脚板的厚度，以免踢脚板冒出而影响美观。

横竖贴脸板的线条要对正，割角应准确平整、对缝严密、安装牢固。

4 装修、装饰施工技术

4.1 安装木吊顶

(1) 木吊顶的基本形式

①桁架下板条吊顶。装于桁架下的板条吊顶主要由主龙骨、次龙骨、吊筋和板条等部分组成，如图 4-95 所示。

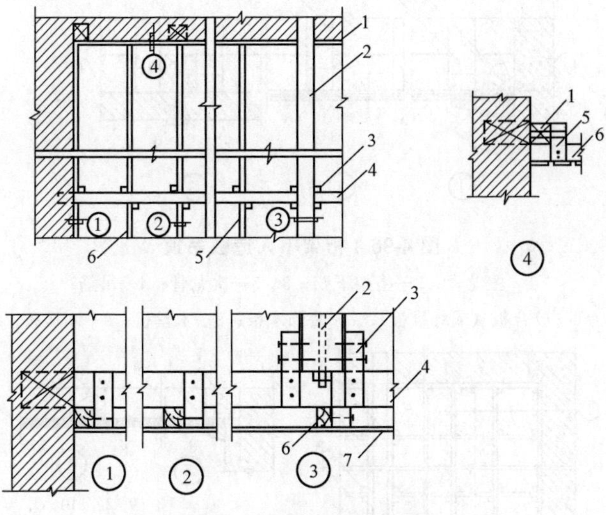

图 4-95 桁架下板条吊顶

1—靠墙主龙骨；2—桁架下弦杆；3—吊筋；4—主龙骨；5—次龙骨吊筋；6—次龙骨；7—灰板条

②桁架下人造板吊顶。桁架下人造板吊顶的吊顶骨架布置与固定方法和桁架下板条吊顶基本相似。只是次龙骨的间距应根据人造板幅面尺寸来定，以尽量减小裁板损耗。同时还要布置加钉与次龙骨相垂直的横撑，以便板的横边有所依托和将板钉平。如图 4-96 所示为桁架下人造板吊顶。

③槽形楼板下吊顶。在槽形楼板下吊顶的骨架布置及固定方法如图 4-97 所示。

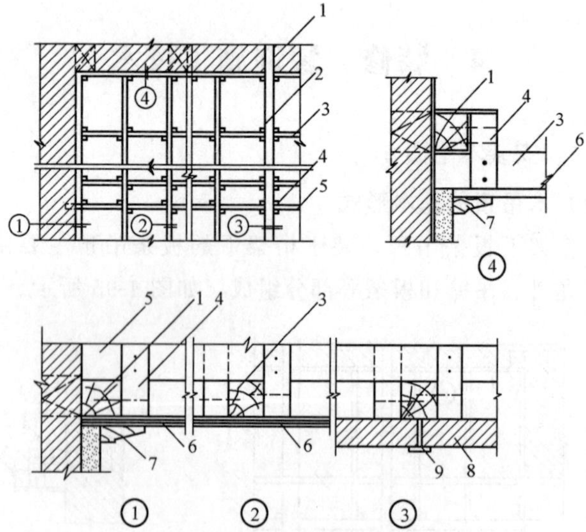

图 4-96　桁架下人造板吊顶

1—主龙骨；2—桁架下弦；3、5—次龙骨；4—吊筋；
6—胶合板（或纤维板）；7—装饰木条；8—木丝板；9—木压条

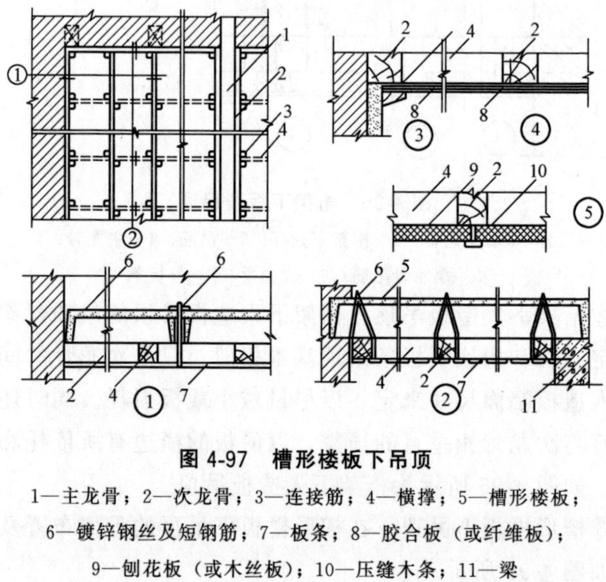

图 4-97　槽形楼板下吊顶

1—主龙骨；2—次龙骨；3—连接筋；4—横撑；5—槽形楼板；
6—镀锌钢丝及短钢筋；7—板条；8—胶合板（或纤维板）；
9—刨花板（或木丝板）；10—压缝木条；11—梁

④钢筋混凝土楼板下吊顶。钢筋混凝土楼板下吊顶如图 4-98 所示。它由主龙骨、次龙骨、吊筋、撑木和板条（或人造板材）等部分组成。

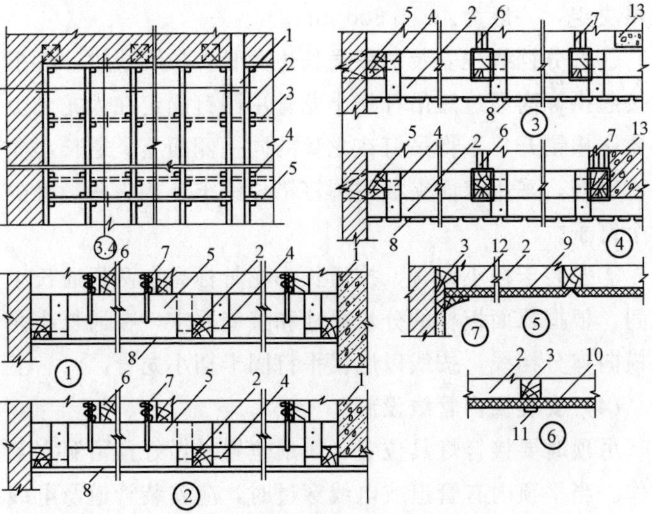

图 4-98 钢筋混凝土楼板下吊顶

1—主梁；2—次龙骨；3—横撑；4—吊筋；5—主龙骨；6—撑木；7—$\phi4$ 镀锌钢丝；8—板条；9—胶合板（或纤维板）；10—木丝板；11—盖缝木条；12—装饰木条；13—次梁

(2) 安装大龙骨

①弹线定位。弹标高水平线，根据楼层标高水平线，顺墙高量至顶棚设计标高，沿墙四周弹顶棚标高水平线。

②划龙骨分档线。沿已弹好的顶棚标高水平线，划好龙骨的分档位置线。

将预埋钢筋端头弯成环形圆钩，穿 8 号镀锌钢丝或用 M6、M8 螺栓将大龙骨固定，未预埋钢筋时可用膨胀螺栓，并保证其设计标高。吊顶起拱按设计要求，设计无要求时，一般为房间跨度的 1/200～1/300。

(3) 安装小龙骨

①小龙骨底面应刨光、刮平，截面厚度应一致。

②小龙骨间距应按设计要求，设计无要求时，应按罩面板规格决定，一般为 400～500 mm。

③按分档线先安装两根通长边龙骨，拉线找拱，各根小龙骨按起拱标高通过短吊杆将小龙骨用圆钉固定在大龙骨上，吊杆要逐根错开，不得吊钉在龙骨的同一侧面上。通长小龙骨接头应错开，采用双面夹板用圆钉错位钉牢，接头两侧最少各钉两个钉子。

④安装卡档小龙骨，按通长小龙骨标高在两根通长小龙骨之间，根据罩面板材的分块尺寸和接缝要求，在通长小龙骨底面横向弹分档线，按线以底找平钉固卡档小龙骨。

(4) 安装棚内管线设施

吊顶时要接合灯具位置、风扇位置，做好预留洞穴及吊钩工作。当平顶内有管道或电线穿过时，应安装管道及电线，然后再铺设面层，若管道有保温要求，应在完成管道保温工作后，再封钉吊顶面层。

平顶上穿过风管、水管时，大的厅堂宜采用高低错落形式的吊顶。设有检修走道的上人吊顶上穿越管道时，其平顶应适当留设伸缩缝，以防止吊顶受管线影响而产生不均匀胀缩。

(5) 安装吊顶面板

①圆钉钉固法。这种方法多用于胶合板、纤维板的罩面板安装。在已安装好并经验收的木骨架下面，按罩面板的规格和接缝间隙，在龙骨底面进行分块弹线，在吊顶中间顺通长小龙骨方向，先装一行作为基准，然后向两侧延伸安装。固定罩面板的钉距为 200 mm。

②木螺钉固定法。这种方法多用于塑料板、石膏板、石棉板。在安装前，罩面板四边按螺钉间距先钻孔，安装程序与方法基本上同圆钉钉固法。

③胶黏粘固法。这种方法多用于钙塑板，安装前板材应选配修整，使厚度、尺寸、边楞齐整一致。每块罩面板粘贴前应进行预装，然后在预装部位龙骨框底面刷胶，同时在罩面板四周刷胶，刷胶宽度为 10～15 mm，经 5～10 min 后，将罩面板压粘在预装部位。每间顶棚先由中间行开始，然后向两侧分行逐块粘贴，胶黏剂按设计规定，设计无要求时，应经试验选用。

(6) 安装压条

木骨架罩面板顶棚，设计要求采用压条做法时，待一间罩面板全部安装后，先进行压条位置弹线，按线进行压条安装。其固定方法，一般同罩面板，钉固间距为 300 mm，也可用胶黏料粘贴。

4.2 安装轻钢龙骨吊顶

(1) 型材及配件

①U 形龙骨。U 形吊顶龙骨由主龙骨（大龙骨）、次龙骨（中龙骨）、横撑龙骨、吊挂件、接插件和挂插件等配件装配而成，如图 4-99 所示。

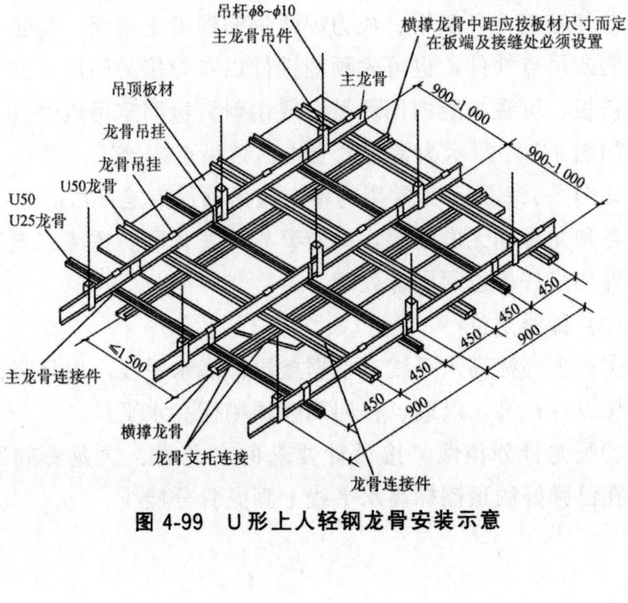

图 4-99 U 形上人轻钢龙骨安装示意

②T形龙骨。承重主龙骨及其吊点布置与U形龙骨吊顶相同，用T形龙骨和T形横撑龙骨组成吊顶骨架，把板材搭在骨架翼缘上，如图4-100所示。

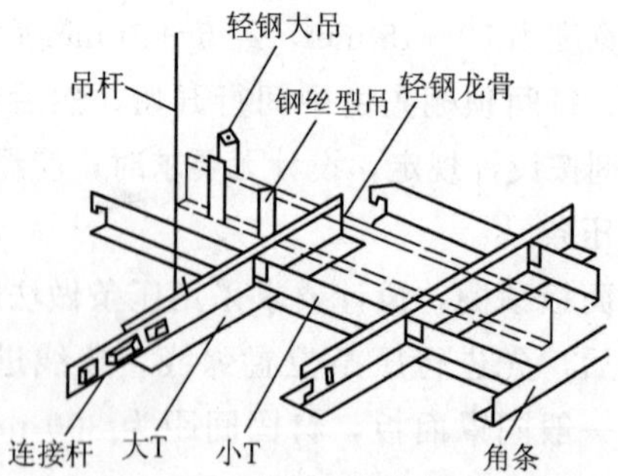

图4-100 T形轻钢龙骨吊顶安装示意

(2) 施工准备

轻钢吊顶龙骨安装前，应根据房间的大小和饰面板材的种类，按照设计要求合理布局，排列出各种龙骨的距离，绘制施工组装平面图。以施工组装平面图为依据，统计并提出各种龙骨、吊杆、吊挂件及其他各种配件的数量，然后用无齿锯分别截取各种轻钢龙骨备用。如为现浇钢筋混凝土楼板，应预先埋设吊筋或吊点铁件，也可先预埋铁件以备焊接吊筋用；如为装配式楼板，可在板缝内预埋吊杆或用射钉枪固定吊点铁件。

如图4-101所示为常用的上人吊顶吊点连接法。

如图4-102所示为常用的不上人吊顶吊点连接法。

各种龙骨如无电镀层，则应事先将龙骨刷防锈漆二道，其他铁件如吊杆等也须同样处理。

(3) 弹线定位

①弹顶棚标高水平线。根据楼层标高水平线，用尺竖向量至顶棚设计标高，沿墙、柱四周弹顶棚标高水平线。

②画龙骨分档线。按设计要求的主龙骨、次龙骨间距布置，在已弹好的顶棚标高水平线上画龙骨分档线。

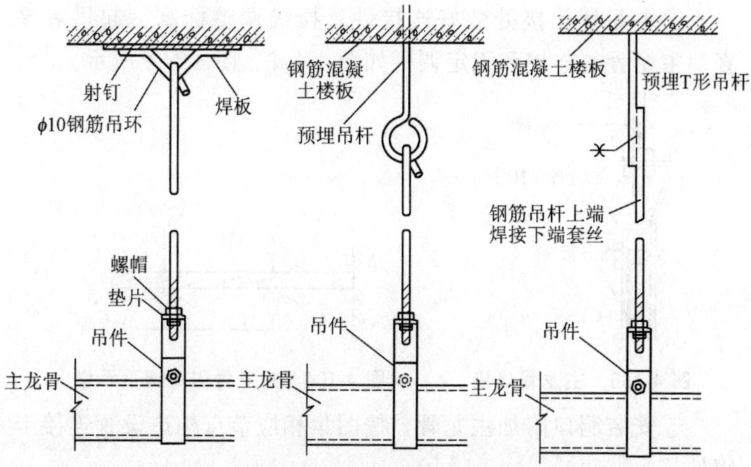

图 4-101　上人吊顶吊点连接

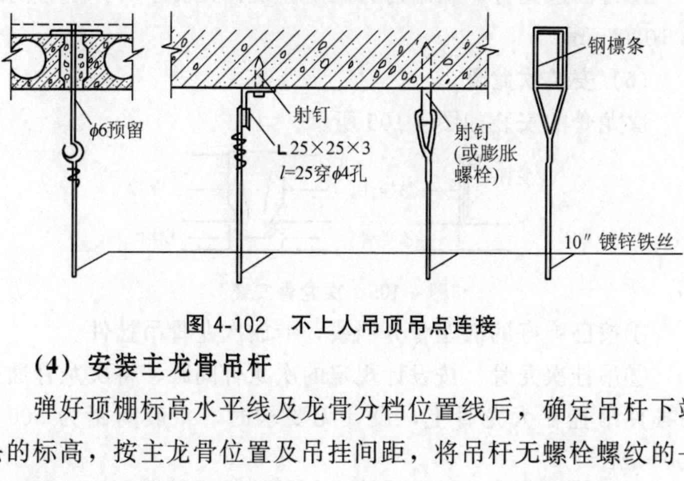

图 4-102　不上人吊顶吊点连接

(4) 安装主龙骨吊杆

弹好顶棚标高水平线及龙骨分档位置线后，确定吊杆下端头的标高，按主龙骨位置及吊挂间距，将吊杆无螺栓螺纹的一端与楼板预埋钢筋连接固定。未预埋钢筋时可用膨胀螺栓。

(5) 安装主龙骨

①配装吊杆螺母。

②在主龙骨上安装吊挂件。

③安装主龙骨。将组装好吊挂件的主龙骨，按分档线位置使吊挂件穿入相应的吊杆螺栓，拧好螺母。

④主龙骨相接处装好连接件，拉线调整标高、起拱和平直。主龙骨的连接和固定调平如图 4-103、图 4-104 所示。

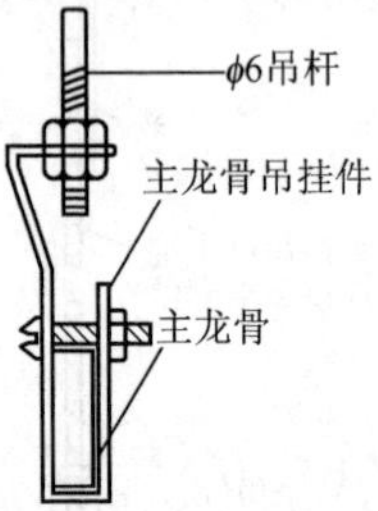

图 4-103 主龙骨连接

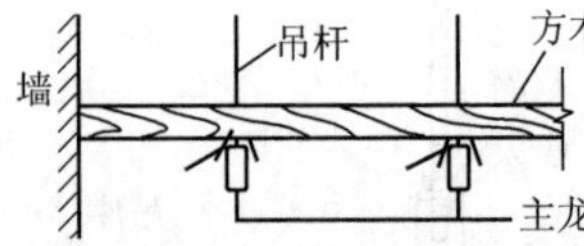

图 4-104 主龙骨固定调平示意

⑤安装洞口附加主龙骨，按图集相应节点构造设置连接卡固件。

⑥钉固边龙骨，采用射钉固定。设计无要求时，射钉间距为 1000 mm。

(6) 安装次龙骨。

次龙骨的安装如图 4-105 所示。

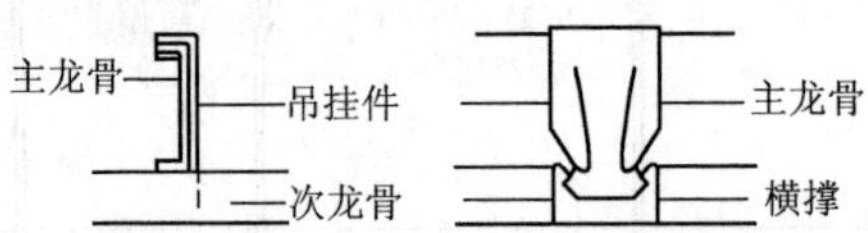

图 4-105 次龙骨安装

①按已弹好的次龙骨分档线，卡放次龙骨吊挂件。

②吊挂次龙骨。按设计规定的次龙骨间距，将次龙骨通过吊挂件吊挂在大龙骨上，设计无要求时，一般间距为 500～600 mm。

③当次龙骨长度需多根延续接长时，用次龙骨连接件在吊挂次龙骨的同时相接，调直固定。

④当采用 T 形龙骨组成轻钢骨架时，次龙骨的卡档龙骨应在安装罩面板时，每装一块罩面板先后各装一根卡档次龙骨。

(7) 安装罩面板

①罩面板自攻螺钉钉固法。在已装好并经验收的轻钢骨架

下面，按罩面板的规格、拉缝间隙进行分块弹线，从顶棚中间顺通长次龙骨方向先装一行罩面板作为基准，然后向两侧伸延分行安装，固定罩面板的自攻螺钉间距为150～170 mm。

②罩面板胶黏粘固法。按设计要求和罩面板的品种、材质选用胶黏材料，一般可用401胶黏结，罩面板应经选配修整，使厚度、尺寸、边楞一致、整齐。每块罩面板黏结时应预装，然后在预装部位龙骨框底面刷胶，同时在罩面板四周边宽10～15 mm的范围刷胶，经5 min后，将罩面板压黏在顶装部位；每间顶棚先由中间行开始，然后向两侧分行黏结。

③罩面板托卡固定法。当轻钢龙骨为T形时，多为托卡固定法安装。

(8) 安装压条。

罩面板顶棚如设计要求有压条，待一间顶棚罩面板安装后，经调整位置，使拉缝均匀，对缝平整，按压条位置弹线，然后按线进行压条安装。其固定方法宜用自攻螺钉，螺钉间距为300 mm；也可用胶黏料粘贴。

4.3 安装开敞式吊顶

(1) 固定单体构件

单体构件的固定有两种方法：一是将单体构件固定在骨架上；二是将单体构件直接用吊杆与结构相连，不用骨架支撑，其本身具有一定的刚度。

前一种固定办法，一般是由于单体构件自身刚度不够，如果直接将其悬吊，会不够稳定且容易变形，故而将其固定于安全可靠的骨架上。

用轻质、高强一类材料制成的单体构件，可以集骨架与装饰为一体，只要将单体构件直接固定即可。也有的采用卡具先将单体构件连成整体，然后再用通长钢管将其与吊杆连接，如图4-106所示。这样做可以减少吊杆数量，施工也较简便。

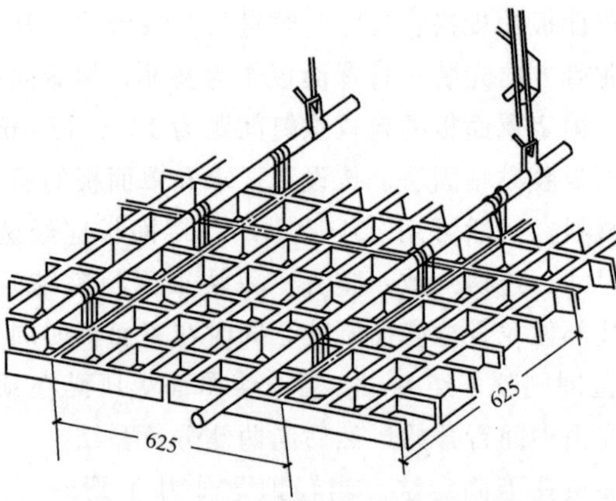

图 4-106　使用卡具和通长钢管安装示意

还有一种更为简便的方法是先用钢管将单体构件担住，而后将吊管用吊杆悬吊，这种做法省略了单体构件的固定卡具，简单可行，如图 4-107 所示。

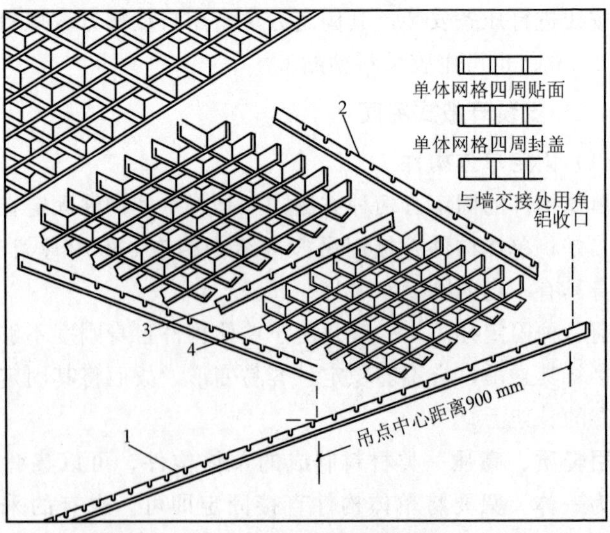

图 4-107　不用卡具的吊顶安装构造示意

1—吊管（1800 mm）；2—横插管（1200 mm）；

3—横插管（600 mm）；4—单体网格构件（600 mm×600 mm）

如图 4-108 所示的吊顶安装构造，是单体构件逐个悬挂，在加工单体构件时，已将悬挂构造与单体构件一同加工完成，这样能够提高吊顶安装质量及工效。

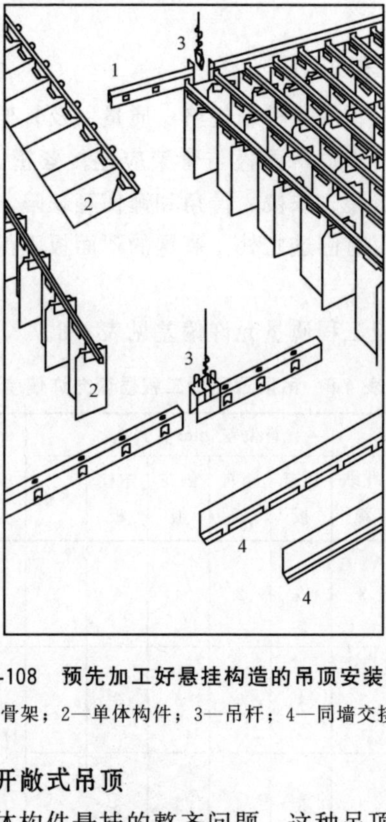

图 4-108　预先加工好悬挂构造的吊顶安装示意

1—悬吊骨架；2—单体构件；3—吊杆；4—同墙交接收口条

(2) 安装开敞式吊顶

应注重单体构件悬挂的整齐问题。这种吊顶就是通过单体构件的有规律组合，而获取装饰效果的，如若安装得不顺、不齐，势必有损于这种吊顶的韵律感。

(3) 处理吊顶上部空间

吊顶上部空间的处理对装饰效果影响也比较大，因为这种吊顶是敞口的，上部空间的设备、管道及结构情况对于层高不够大的房间是清晰可见的。比较常用的做法是利用灯光的反射，使吊顶上部光线暗淡，将上部空间的设备、管道及结构等变得模糊不清，用明亮的地面来吸引人们的视觉注意力。也可将设备、管道及混凝土楼板刷上一层灰暗的色彩，借以模糊其形象。

4.4 检查吊顶质量

吊顶所用材料的品种、规格、质量以及骨架构造、固定方法应符合设计要求。罩面板与骨架应连接紧密，表面应平整，不得有污染、折裂、缺棱、掉角和锤伤等缺陷。接缝应均匀一致，胶合板不得有刨透之处。搁置的罩面板不得有漏、透和翘角现象。

吊顶罩面板工程质量允许偏差见表 4-8。

表 4-8 吊顶罩面板工程质量允许偏差

项次	项目	允许偏差/mm							检验方法
		胶合板	纤维板	钙塑板	塑料板	刨花板	木丝板	木板	
1	表面平整	2	3	3	2	4	4	3	用 2 m 靠尺和楔形塞尺检查
2	接缝平直	3	3	4	3	3	3	3	拉 5 m 线检查，不足 5 m 拉通线检查
3	压条平直	3	3	3	3	3	3	—	
4	接缝高低	0.5	0.5	1	1	—	—	1	用直尺和楔形塞尺检查
5	压条间距	2	2	2	2	3	3	—	用尺检查

4.5　铺装木地板

(1) 空铺木地板

空铺木地板是由木搁栅、剪刀撑、企口板等组成。房屋建筑底层房间的木地板，其木搁栅两端一般是搁置于基础墙上，并在搁栅搁置处垫放通长的沿缘木。当木搁栅跨度较大时，应在房间中间加设地垄墙或砖墩，地垄墙或砖墩顶上加铺油毡及垫木，将木搁栅架置在垫木上，以减小木搁栅的跨度，相应减小搁栅断面。搁栅上铺设企口木板，企口木板与搁栅相垂直。如若基础墙或地垄墙间距大于 2 m，应在木搁栅之间加设剪刀撑，如图 4-109 所示。剪刀撑断面一般用 38 mm×50 mm 或 50 mm×50 mm。这种木地板要采取通风措施，以防止木材腐朽，一般是将通风洞设在地垄墙上及外墙上，使空气对流。同时，为了防潮，其木搁栅、沿缘木、垫木及地板底面均应涂焦油沥青两道或做其他防腐处理。

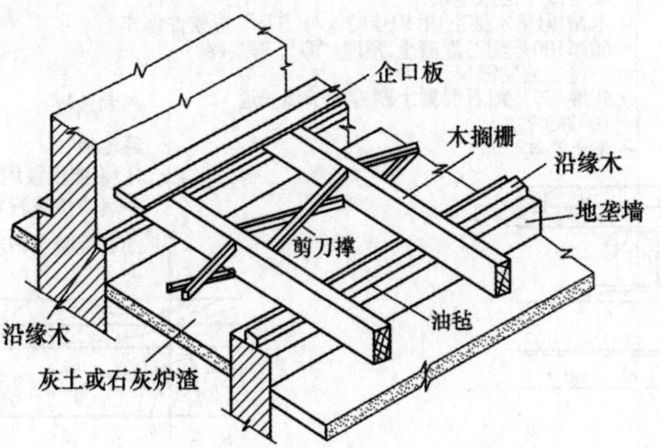

图 4-109　底层房间空铺木地板

楼层房间内的木地板，木搁栅两端是搁置在墙内沿缘木上，搁栅之间必须加设剪刀撑，搁栅上面铺设企口木板，如图 4-110 所示。

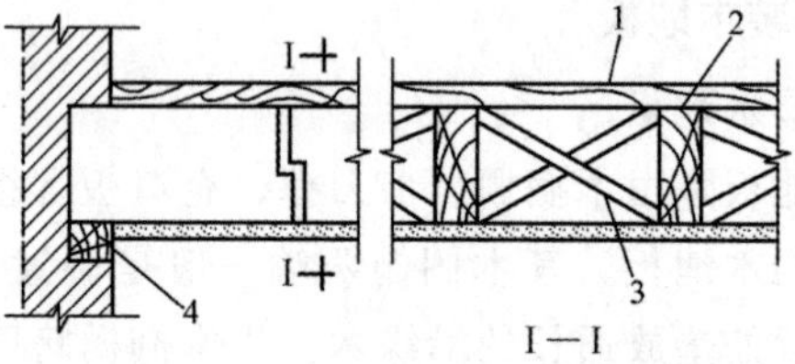

图 4-110　楼层房间空铺木地板

1—企口木板；2—木搁栅；3—剪刀撑；4—沿缘木

(2) 实铺木地板

实铺木地板一般用于砖混结构，即木地板铺在钢筋混凝土楼板或混凝土等垫层上，其结构如图 4-111 所示。木搁栅断面呈梯形，宽面在下，其断面尺寸及间距应符合设计要求（间距一般为 400 mm 左右）。企口板铺钉在木搁栅上，与木搁栅相垂直。木搁栅与木板面层底面均应涂焦油沥青两道或做其他防腐处理。

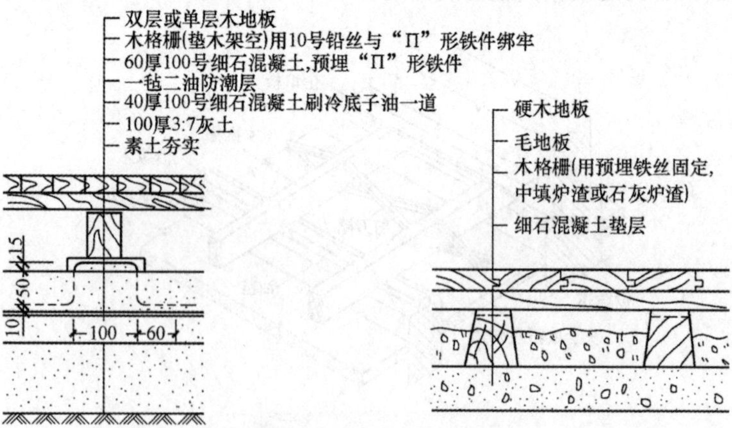

(a)　　　　(b)

图 4-111　实铺木地板做法

(a) 做法一；(b) 做法二

(3) 拼花木地板

拼花木地板也有空铺和实铺两种，其木搁栅等布置与普通木地板相同。一般是先铺一层毛板（或称为毛地板），毛板无需企口，上面再铺硬木地板。为防潮与隔音，在毛板与硬木地板之间可增设一层油纸。硬木地板的构造如图 4-112 所示。

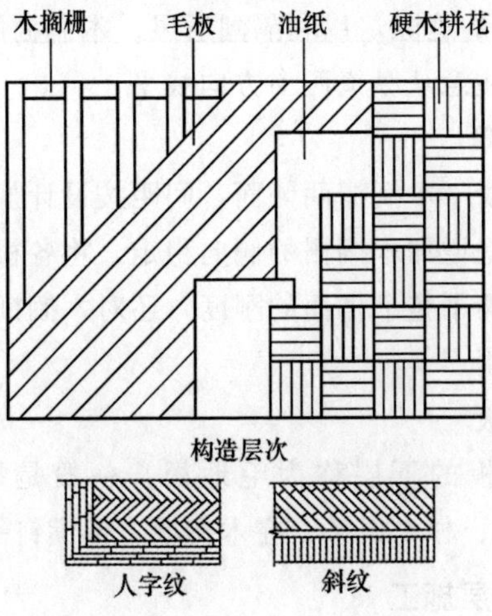

图 4-112　拼花木地板构造层次

实铺拼花木地板的另一种做法是将拼花木地板面层用沥青胶黏剂直接粘贴于混凝土或水泥砂浆基层上。

4.6　木基层施工

(1) 地垄墙（或砖墩）

地垄墙（或砖墩）一般采用烧结普通砖、水泥砂浆或混合砂浆砌筑。顶面须铺一层防潮层，其基础应按设计要求施工，地垄墙间距一般不宜大于 2 m，以免木搁栅断面过大。

(2) 垫木（包括压檐木）

垫木应按设计要求做防腐处理，厚度一般为 50 mm，可沿地垄墙通长布置，用预埋于地垄墙中的 8 号钢丝绑扎固定。

(3) 木搁栅

木搁栅的作用主要是固定与承托面层，其表面应做防腐处理。木搁栅一般与地垄墙成垂直摆放，间距一般为 400 mm。安装时，先核对垫木（包括压檐木）表面水平标高，然后在其上弹出木搁栅位置线，依次铺设木搁栅。木搁栅离墙面应留出不小于 30 mm 的缝隙，以利隔潮通风。木搁栅的表面应平直，安装时要随时注意从纵横两个方向找平。

(4) 剪刀撑

剪刀撑布置于木搁栅两侧面，间距按设计规定。设置剪刀撑的作用主要是增加木搁栅的侧向稳定，将各根单独的搁栅连成整体，也增加了整个楼面的刚度，还对木搁栅的翘曲变形起一定的约束作用。

(5) 毛地板

双层木地板的下层称为毛地板。一般是用宽度不大于 120 mm的松木、杉木板条，在木搁栅上部满钉一层。

4.7 木面层施工

(1) 条板的铺钉

空铺的条板铺钉方法为剪刀撑钉完之后，可从墙的一边开始铺钉企口条板，靠墙的一块板应离墙面有 10～20 mm 缝隙，以后逐块排紧，用钉从板侧凹角处斜向钉入，钉长为板厚的 2～2.5 倍，钉帽要砸扁，企口条板要钉牢、排紧。板的排紧方法一般可在木搁栅上钉扒钉一只，在扒钉与板之间夹一对硬木楔，打紧硬木楔就可以使板排紧。钉到最后一块企口板时，因无法斜着钉，可用明钉钉牢，钉帽要砸扁，冲入板内。企口板的接头要在搁栅中间，接头要互相错开，板与板之间应排紧，搁栅上临时固定的木拉条，应随企口板的安装随时拆去，铺钉完之后及时清理干净，先依垂直木纹方向粗刨一遍，再依顺木纹方向细刨一遍。

实铺条板铺钉方法同上。如图 4-113 所示为家庭常用的一种条形地板铺钉方法，是将条形地板直接铺钉在搁栅上。

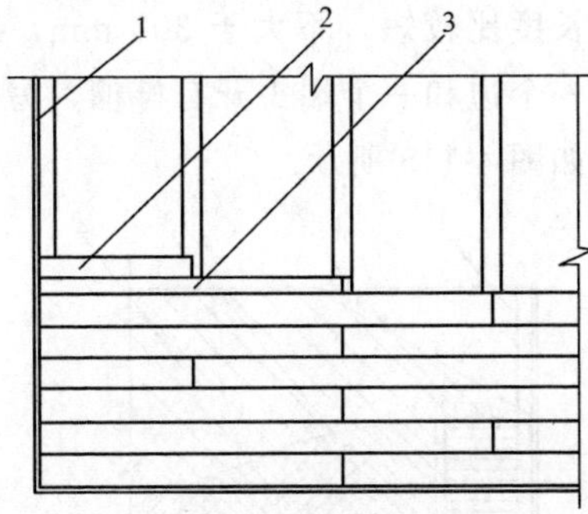

图 4-113 条形地板铺钉

1—搁栅；2—短地板条；3—长地板条

(2) 席纹地板的铺钉

席纹地板适用于机关会议室、接待室和家庭室内装饰。席纹地板所用地板条同人字纹地板相同，是一种四周开有榫舌和榫槽的企口地板，一般用水曲柳、青冈木、柞木等硬杂木制作，其做法如图 4-114 所示。

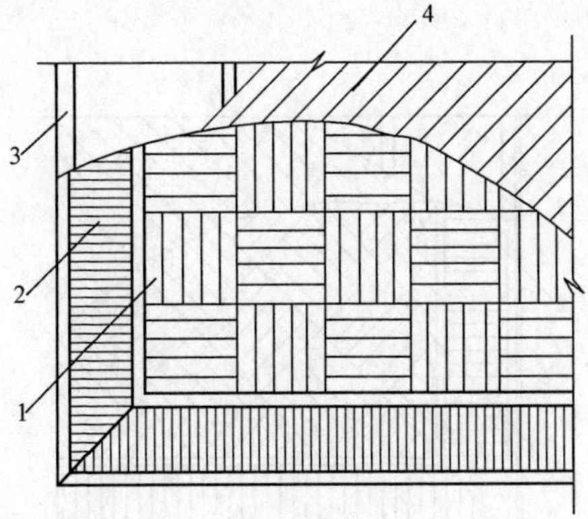

图 4-114 席纹拼花地板铺钉

1—席纹地板；2—花边地板；3—搁栅；4—毛地板

(3) 人字纹地板的铺钉

人字纹地板一般适用于会议室、接待室及家庭居室装饰。

人字纹地板一般长度比较短，不大于 300 mm，净长为净宽的整倍数。地板的一个边和一个端头开有榫槽，另一边和另一端为榫舌，其做法如图 4-115 所示。

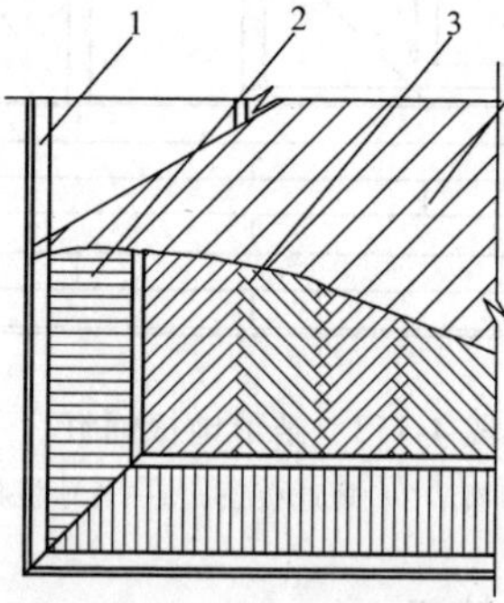

图 4-115　人字纹地板铺钉

1—搁栅；2—花边地板；3—人字纹地板；4—毛地板

(4) 斜方块纹地板的铺钉

斜方块纹地板的适用范围同席纹拼花地板，其做法如图 4-116所示。

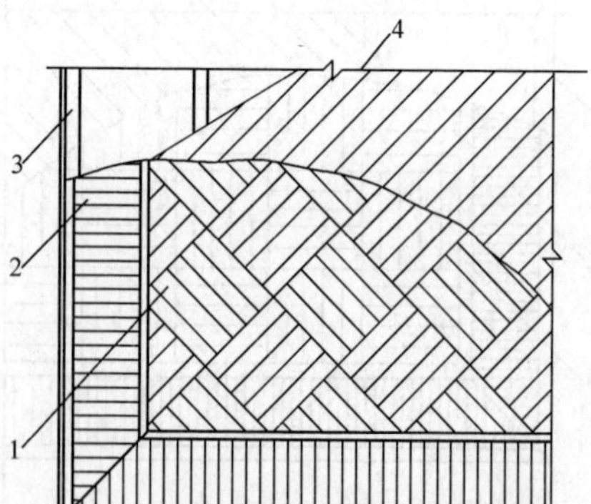

图 4-116　斜方块纹拼花地板铺钉

1—斜方块地板；2—花边地板；3—搁栅；4—毛地板

(5) 毛地板的铺钉

硬木地板下层一般都钉毛地板，可采用纯棱料，其宽度不宜大于 120 mm，毛地板与搁栅成 45°或 30°方向铺钉，并应斜向钉牢，板间缝隙不应大于 3 mm，毛地板与墙之间应留 10～20 mm 缝隙，每块毛地板应在每根搁栅上各钉两个钉子固定，钉子的长度应为板厚的 2.5 倍。铺钉拼花地板前，宜先铺设一层沥青纸（或油毡），以作隔声和防潮用。

在铺钉硬木拼花地板前，应根据设计要求的地板图案，一般应在房间中央弹出图案墨线，再按墨线从中央向四边铺钉。

有镶边的图案，应先钉镶边部分，再从中央向四边铺钉，各块木板应相互排紧。对于企口拼装的硬木地板，应从板的侧边斜向钉入毛地板中，钉头不要露出；钉长为板厚的 2～2.5 倍，当木板长度小于 30 cm 时，侧边应钉两个钉子，长度大于 30 cm 时，应钉入 3 个钉子，板的两端应各钉 1 个钉固定。板块间缝隙不应大于 0.3 mm，面层与墙之间缝隙，应以木踢脚板封盖。钉完后，清扫干净刨光，刨刀吃口不应过深，防止板面出现刀痕。

4.8 木踢脚板施工

木地板房间的四周墙角处应设木踢脚板。踢脚板一般高 100～200 mm，常采用的是 150 mm，厚 20～25 mm。所用木材一般也应与木地板面层所用的材质品种相同。踢脚板预先抛光，上口抛成线条。为防翘曲在靠墙的一面应开槽；为防潮通风，木踢脚板每隔 1～1.5 m 设一组通风孔，孔径一般为 6 mm。一般木踢脚板于地面转角处安装木压条或圆角成品木条。

木地板按其面层不同，分为普通木地板和拼花木地板。普通木地板的木板面层是采用不易腐朽、不易变形和开裂的软木树材（常用的有红松、云杉等）加工制成的长条形木板，这种面层富有弹性，导热系数小，干燥并便于清洁。拼花木地板又称硬木地板，木料大多采用质地优良的硬杂木，如水曲柳、核桃木、柞木、榆木等，这种木地板坚固、耐磨、洁净美观，造价较高，施工操作要求也较高，故属于较高级的面层装饰工程。

木地板按其断面形状分为平口地板和企口地板；按铺装外形分为条形地板和拼花地板；按搁栅结构和固定方法分为实铺木地板和空铺木地板。其中，空铺木地板又可分为有地垄墙、无地垄墙、有砖墩和楼层等空铺木地板多种形式。按地板的铺装方式又有钉铺和黏铺两种。

钉平头踢脚板前，将靠墙的地板面先刨光刨平，然后根据墙的装修面，在地板面上弹好位置线，将木砖垫到和墙装修面平齐，再在踢脚板上口拉好直线，用 2 英寸钉子将踢脚板和木砖钉牢。踢脚板接头时，应锯成 45°斜接，接头处用木钻上下钻两个小孔，再在孔上钉钉子。钉帽要砸扁，并冲入面层 2～3 mm。

企口踢脚板下带圆角线条和地板面层同时铺钉。钉踢脚线用 2 英寸钉子，钉在上下企口凹槽内按 35°角分别钉入木砖和搁栅内，钉子间距一般为 400 mm，上下钉位要错开，但踢脚线的阴阳角和按 45°方向斜接的接头处上下都要钉钉子。

钉企口踢脚板前，应根据已钉好的踢脚线（踢脚线离墙面 10～15 mm 缝隙）将木砖垫平，将踢脚板的企口榫插入踢脚线上口的企口槽内，并在踢脚板上口拉直线，用 2 英寸钉子与木砖钉平钉直，接头处上下各钉一个 2 英寸钉子，踢脚板的接头应固定在防腐木块上。

常见的两种踢脚板如图 4-117 和图 4-118 所示，变形缝处做法如图 4-119 所示。

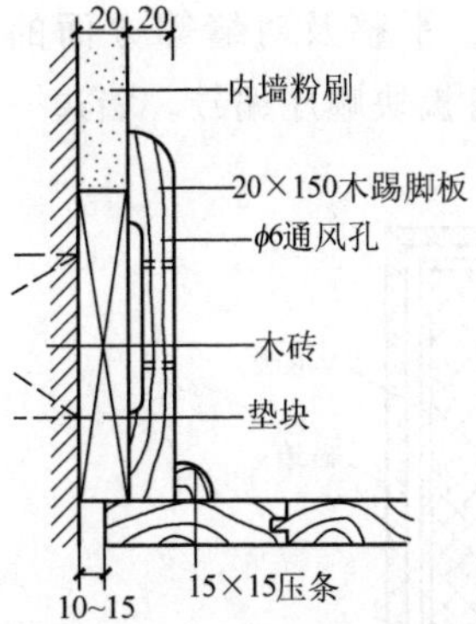

图 4-117 木踢脚板做法（一）

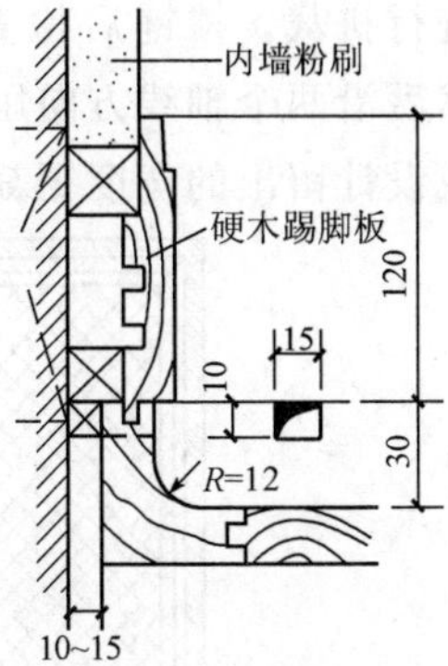

图 4-118 木踢脚板做法（二）

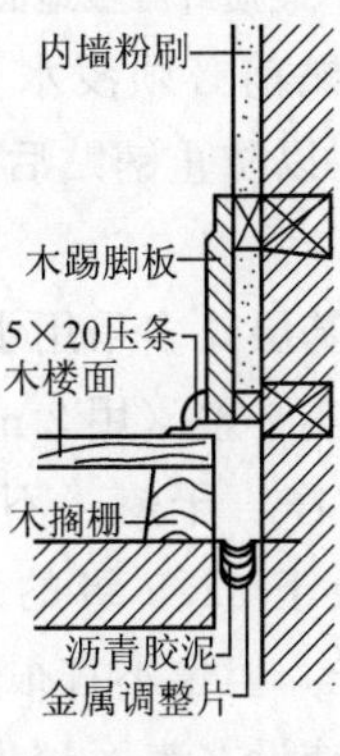

图 4-119 木踢脚板在变形缝处做法

4.9 安装硬质纤维地板

(1) 分割板材

硬质木纤维板一般应按照地面大小和设计要求进行分块切割，在硬质木纤维板块表面刨刻 V 形槽，使纤维板面层形成方格形或其他形式的图案，如图 4-120 所示。房间四周边缘一般都有镶边。铺贴前，应根据事先计划的摊铺方案，按纤维板块尺寸弹线分格，定出板块拼铺接缝，纵横方向一定要注意平直，防止歪斜，四周镶边尺寸要一致。然后排放纤维板，个别部位进行拼裁。摊铺后检查高低、平整及对缝等方面的准确度，然后沿两个轴线方向用粉笔将板块顺序编号。墙边一般按实际或设计留出的宽度锯裁。

图 4-120　硬质纤维板地面图案示意

硬质木纤维板在铺贴前必须浸水 24 h 后晾干使用（如用温水浸泡，时间缩短），以防止铺贴后产生膨胀变形。

(2) 处理基层

硬质纤维板面层的基层，多采用水泥砂浆基层或木屑水泥砂浆基层。要求基层坚实平整（用 2 m 直尺检查，其表面凹凸误差不超过 3 mm）、洁净、干燥、不起灰、不起壳。基层抹面应使用强度等级不低于 32.5 级的水泥及中砂（最好用粗砂），表面宜压平、压光，但也不宜很光滑。

①木屑水泥砂浆应铺设在表面较为粗糙、洁净和稍有湿润的混凝土基层上。

②木屑水泥砂浆层的厚度一般不小于 25 mm。如为旧的或表面较光滑的混凝土楼地面时，应先凿毛并冲洗干净。

③应在混凝土基层上按水平做好标志块和标志筋，以控制砂浆层的厚度和平整度，防止产生波浪形或高低不平的现象。

④刷一层水泥浆，随铺木屑水泥砂浆，并用刮尺刮平。

⑤待初凝后再用木抹子压实，打磨平整（切勿过多振动或频繁打磨，以免砂浆下沉、木屑上浮露面），用 2 m 直尺检查，允许空隙不得大于 2 mm。

⑥铺抹木屑水泥砂浆层后，在常温下自然养护 7～10 d，待强度达到 8～10 MPa 时，方可铺贴硬质木纤维板。

⑦拌制木屑水泥砂浆的水泥一般采用硅酸盐水泥、普通硅酸盐水泥或矿渣硅酸盐水泥。砂应用过筛的洁净中砂，木屑不得含杂物和霉烂木屑。

(3) 铺贴板材

①胶黏剂铺贴操作。从房间中央开始向四周进行，对于小房间也可从房间里口向门口铺贴。将胶黏剂用橡皮板条刷子或纤维板制成的刮板涂刮在木屑水泥砂浆找平层上，厚度控制在 1 mm 左右。刷胶黏剂时不宜过多，否则会从板缝挤出。按所弹线和编号依次铺贴，并擦净外溢的胶黏剂。用长 20 mm、直径 1.8 mm 的铁钉或鞋钉（钉帽预先敲扁）钉入板四边和“V”形槽内固定、加压，钉子的间距一般为 60～100 mm。

板与接合层之间黏结应牢靠，不得有空鼓现象，以敲击测定时无起壳声为准。为减少日后纤维板的胀缩对地面的影响，板的缝隙宽度应控制在 1～2 mm 为宜。

②沥青胶泥铺贴操作。刷冷底子油，基层必须干燥清洁，冷底子油不要有漏刷现象。一般干燥时间在 12 h 以内。用热沥青胶泥进行铺贴。铺贴顺序一般从房间中心点开始，对准方位，按标记顺序向四周扩展。小房间可按所弹中线向两边铺贴，逐排铺贴退至走廊。根据所铺板块面积，迅速将热沥青均匀的浇在地面基层上，使其自然流淌，然后静停不超过1 min，待气泡基本逸尽，即趁热铺放。若基层平整度较好，静停时间可短些；若基层平整度稍差，则静停时间应稍长。局部低洼处可用黏结层厚度来找平，黏结层的厚度一般不大于 2 mm。

铺放时，应迅速而平稳地将硬质木纤维板按在已摊铺好胶泥的位置，并与相邻板边的接缝平直对齐，缝宽要均匀，以 1 mm为宜，边角要垂直。随即自中间向周边上人踩压，往复压平压实。待大面积基本踩实后，立即敲击检查全部板面，对发出空壳声的部位要再加压踩实，务使其接合良好，周边也应注意不得有漏贴。对拼缝及边角处外溢的沥青胶泥应及时趁热刮除。对滴在板面上的污迹可用棉纱加少量汽油擦拭。由于基层或铺贴等方面的影响，造成板间接缝局部出现高低差时，可用木工平刨刨平，此项工作一般是在沥青胶泥凝固后刨分格缝之前进行。

③刨分格缝。对于整张铺贴的纤维板地面，应根据整块尺寸定出方格尺寸后，在地面上划出方格（一般为 333 mm×333 mm 或 500 mm×500 mm），以增加地面的美感。在分格弹线之后，用特制的木工 V 形刨刀沿线靠直尺刨出宽 3 mm、深 2～3 mm 的 V 形槽缝。刨刀应锋利，刨出的槽缝应平滑，局部毛糙处，应以细砂纸打磨光洁。

4.10 安装板条木隔墙

(1) 弹线定位

在楼地面上弹出隔墙的边线，并用线坠将边线引到两端墙上，引到楼板或过梁的底部。根据所弹的位置线，检查墙上预埋木砖，楼板或梁底部预留钢丝的位置和数量是否正确，如有问题及时修理。

(2) 钉立筋

①钉靠墙立筋。将立筋靠墙立直，钉牢于墙内防腐木砖上。再将上槛托到楼板或梁的底部，用预埋钢丝绑牢，两端顶住靠墙立筋钉固。将下槛对准地面事先弹出的隔墙边线，两端撑紧于靠墙立筋底部，而后，在下槛上划出其他立筋的位置线。

②安装立筋。立筋要垂直，其上下端要顶紧上下槛，分别用钉斜向钉牢。然后在立筋之间钉横撑，横撑可不与立筋垂直，将其两端头按相反方向稍锯成斜面，以便楔紧和钉钉。横撑的垂直间距宜 1.2～1.5 m。在门樘边的立筋应加大断面或

者是双根并用，门樘上方加设人字撑固定。

③中间立筋安装前，在上下槛上按 400～500 mm 间距画好立筋位置线，两端用圆钉固定在上、下槛上。立筋侧面应与上下槛平齐。如有门窗时，钉立筋时应将门窗框一起按设计位置立好。

(3) 钉横筋

①横筋钉子相邻立筋之间，每隔 1.2～1.5 m 钉一道。

②横筋不宜与立筋垂直，而应倾斜一些，以便楔紧和着钉。因此横筋长度应比立筋净空长 10～15 mm，两端头应锯成相互平行的斜面，相邻两横筋倾斜方向相反。同一层横筋高度应一致，两端用斜钉与立筋钉牢。

如隔墙上有门窗，门窗框梃应钉牢于立筋上，门窗框上冒头加钉横筋和人字撑。

(4) 钉灰板条

灰板条钉在立筋上，板条之间留 7～10 mm 空隙，板条接头应在立筋上并留 3～5 mm 空隙。板条接头应分段错开，每段长度不宜超过 500 mm。

4.11 安装板材木隔墙

(1) 弹线

施工时应先在地面、墙面、平顶弹闭合墨线。

(2) 安装上下槛

用铁钉、预埋钢筋将上下槛按墨线位置固定牢固，当木隔墙与砖墙连接时，上槛、下槛须伸入砖墙内至少 12 cm。

(3) 定位、安装立筋

先立边框墙筋，然后在上下槛上按设计要求的间距画出立筋位置线，其间距一般为 40～50 cm。如有门口时，其两侧须各立一根通天立筋，门窗樘上部宜加钉人字撑。立撑之间应每隔 1.2～1.5 m 左右加钉横撑一道。隔墙立筋安装应位置正确、牢固。

(4) 安装横楞

横楞须按施工图要求安装，其间距要配合板材的规格尺寸。横楞要水平钉在立筋上，两侧面与立筋平齐。如有门窗时，窗的上、下及门上应加横楞，其尺寸比门窗洞口大 2～3 cm，并在钉隔墙时将门窗同时钉上。

(5) 加固横撑

隔墙立筋不宜与横撑垂直，而应有一定的倾斜，因而横撑的长度应比立筋净空尺寸长 10～15 mm，两端头按相反方向稍锯成斜面。

(6) 安装罩面板

①安装石膏板。

安装石膏板前，应对预埋隔断中的管道和附于墙内的设备采取局部加强措施。

石膏板宜竖向铺设，长边接缝宜落在竖向龙骨上。双面石膏罩面板安装，应与龙骨一侧的内外两层石膏板错缝排列，接缝不应落在同一根龙骨上。需要隔声、保温、防火的，应根据设计要求在龙骨一侧安装好石膏罩面板后，进行隔声、保温、防火等材料的填充。一般采用玻璃丝棉或 30～100 mm 岩棉板进行隔声、防火处理，采用 50～100 mm 聚苯板进行保温处理，然后再封闭另一侧的板。

石膏板应采用自攻螺钉固定。周边螺钉的间距不应大于 200 mm，中间部分螺钉的间距不应大于 300 mm，螺钉与板边缘的距离应为 10～16 mm。

安装石膏板时，应从板的中部开始向板的四边固定。钉头略埋入板内，但不得损坏纸面，钉眼应用石膏腻子抹平，钉头应做防锈处理。

石膏板应按框格尺寸裁割准确，就位时应与框格靠紧，但不得强压。

隔墙端部的石膏板与周围的墙或柱应留有 3 mm 的槽口。

施铺罩面板时，应先在槽口处加注嵌缝膏，然后铺板并挤压嵌缝膏，使面板与邻近表层接触紧密。

在丁字形或十字形相接处，如为阴角，应用腻子嵌满，贴上接缝带；如为阳角，应做护角。

②安装胶合板、纤维板、人造木板。

安装胶合板、人造木板的基体表面，需用油毡、釉质防潮时，应铺设平整，搭接严密，不得有皱折、裂缝和透孔等。

胶合板、人造木板采用直钉固定。如用钉子固定，钉距为80～150 mm，钉帽应打扁并钉入板面0.5～1 mm，钉眼用油性腻子抹平。胶合板、人造木板如涂刷清油等涂料时，相邻板面的木纹和颜色应近似。需要隔声、保温、防火的，应根据设计要求在龙骨安装好后，进行隔声、保温、防火等材料的填充。一般采用玻璃丝棉或30～100 mm岩棉板进行隔声、防火处理，采用50～100 mm聚苯板进行保温处理，然后再封闭罩面板。

墙面用胶合板、纤维板装饰时，阳角处宜做护角；硬质纤维板应用水浸透，自然阴干后安装。

胶合板、纤维板用木压条固定时，钉距不应大于200 mm，钉帽应打扁，并钉入木压条0.5～1 mm，钉眼用油性腻子抹平。

用胶合板、人造木板、纤维板作罩面时，应符合防火的有关规定，在湿度较大的房间，不得使用未经防水处理的胶合板和纤维板。墙面安装胶合板时，阳角处应做护角，以防板边角损坏，并可增加装饰性。

③安装铝合金装饰条板。

用铝合金条板装饰墙面时，可用螺钉直接固定在结构层上，也可用锚固件悬挂或嵌卡的方法，将板固定在墙筋上。

4.12 安装玻璃隔墙

玻璃隔墙的安装应符合下列要求：

①弹线定位。按图样尺寸在地面和上层楼板底面弹出隔墙位置线及立筋位置线，并在墙上引出垂直线。

②构件安装。按照板材隔墙的方法装钉上下槛及边立筋。中立筋与横筋的安装，应考虑玻璃的大小，确定水平间距和垂直间距。装钉时要随时用直尺检查，保证横筋与立筋垂直。

③玻璃安装。安装玻璃前应先在框架方格内画好玻璃位置线，沿线外钉好一侧玻璃压条，塞入玻璃后将另一侧的压条压紧玻璃钉牢。为了美观，压条应45°割角交接，交圈严密，高低一致。

④下部人造板墙装钉。下部人造板墙的装钉方法同板材隔墙。下部若为板条隔墙，施工方法同板条隔墙；若为砖墙，下槛固定于墙内预埋木砖上。

4.13 安装轻钢龙骨隔墙

(1) 轻钢龙骨的组成及构造

①轻钢龙骨的组成如图4-121和图4-122所示。

②隔墙的单排、双排龙骨构造如图4-123所示。

③隔墙骨架构造由不同龙骨类型构成不同体系，可根据隔墙要求分别确定。

④边框龙骨（沿地龙骨、沿顶龙骨和沿墙、沿柱龙骨）和主体结构固定，一般采用射钉法，即按中距小于1 m打入射钉与主体结构固定；也可采用电钻打孔打入胀锚螺栓或在主体结构上留预埋件的方法，如图4-124所示。竖龙骨用拉铆钉与沿地、沿顶龙骨固定，如图4-125所示。

⑤门框和竖向龙骨的连接，竖龙骨类型可采取多种做法，可采取加强龙骨与木门框连接的做法，也可用木门框两侧框向上延长，插入沿顶龙骨，然后固定于沿顶龙骨和竖龙骨上；也可采用其他固定法。

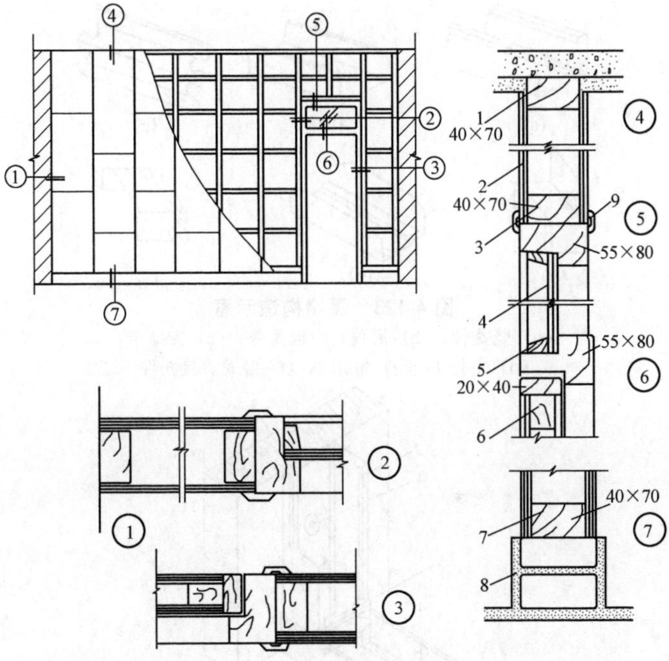

图 4-121 C75 系列龙骨和配件示意

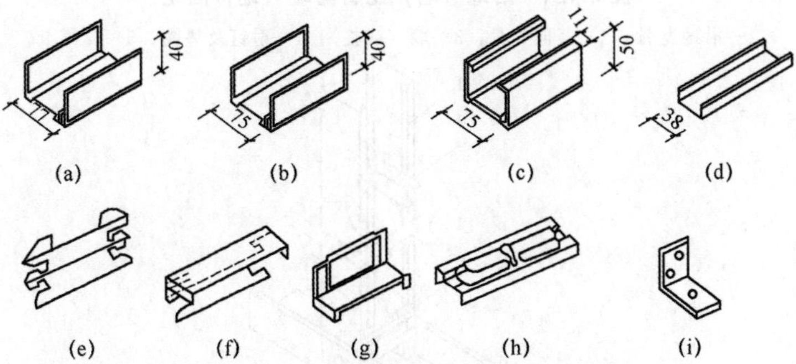

图 4-122 QC70 系列龙骨主件和配件示意

（a）沿顶、沿地龙骨；（b）加强龙骨；（c）竖向龙骨（横撑龙骨）；

（d）通贯横撑龙骨；（e）支撑卡；（f）卡托；（g）角托；

（h）通贯横撑连接件；（i）加强龙骨固定件

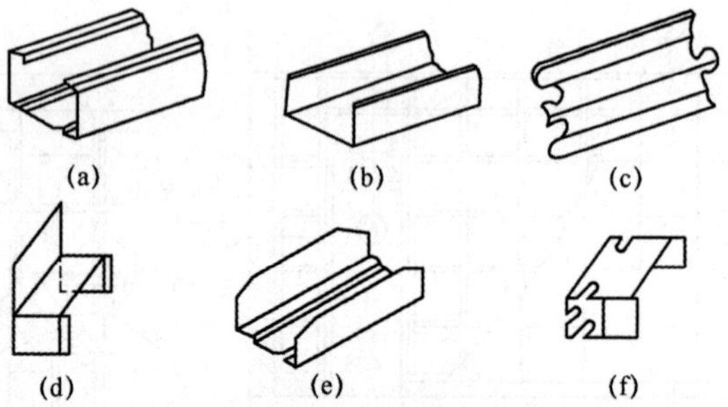

图 4-123　隔墙构造示意

（a）竖龙骨；（b）沿顶、沿地龙骨；（c）支撑卡；（d）角托 1；（e）角托 2；（f）竖龙骨接托件

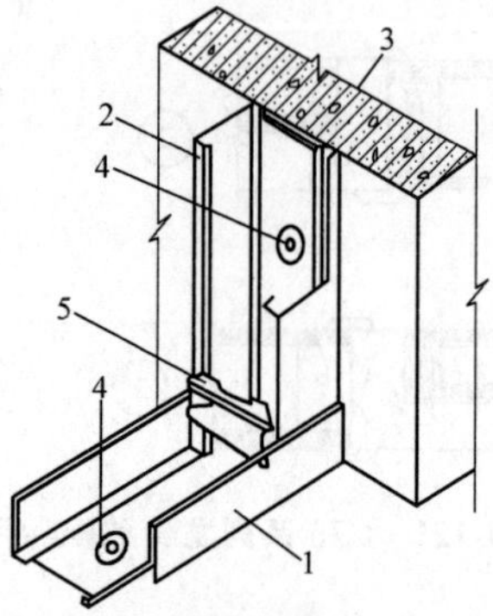

图 4-124　沿地（墙）龙骨与墙（地）固定

1—沿地龙骨；2—竖向龙骨；3—墙（或柱）；4—射钉及垫圈；5—支撑卡

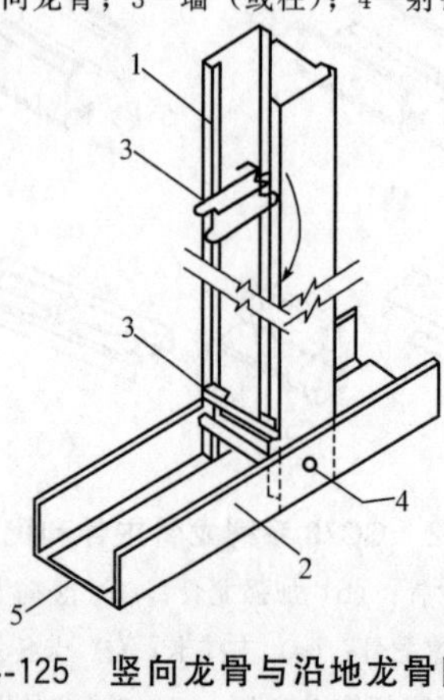

图 4-125　竖向龙骨与沿地龙骨固定

1—竖向龙骨；2—沿地龙骨；3—支撑卡；4—铆孔；5—橡胶条

⑥圆曲面隔墙墙体构造，应根据曲面要求将沿地、沿顶龙骨切锯成锯齿形，固定在顶面和地面上，然后按较小的间距（一般为 150 mm）排立竖向龙骨，如图 4-126 所示。

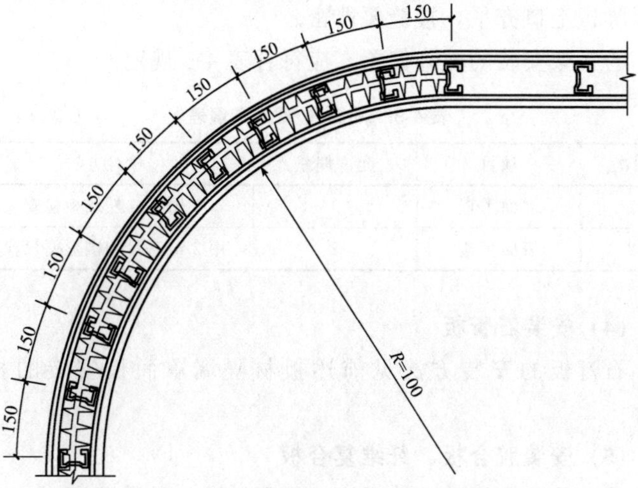

图 4-126　圆曲面隔墙龙骨构造示意

(2) 弹线

在基体上弹出水平线和竖向垂直线，以控制隔断龙骨安装的位置、龙骨的平直度和固定点。

(3) 安装隔断龙骨

①沿弹线位置固定沿顶和沿地龙骨，各自交接后的龙骨应保持平直。固定点间距应不大于 1000 mm，龙骨的端部必须固定牢固。边框龙骨与基体之间，应按设计要求安装密封条。

②当选用支撑卡系列龙骨时，应先将支撑卡安装在竖向龙骨的开口上，卡距为 400～600 mm，距龙骨两端的为20～25 mm。

③选用通贯系列龙骨时，高度低于 3 m 的隔墙安装一道，3～5 m 的安装两道，5 m 以上的安装三道。

④门窗或特殊节点处应使用附加龙骨，加强其安装应符合

设计要求。

⑤隔断的下端如用木踢脚板覆盖，隔断的罩面板下端应离地面 20～30 mm；如用大理石、水磨石踢脚，罩面板下端应与踢脚板上口齐平，接缝要严密。

⑥骨架安装的允许偏差，应符合表 4-9 规定。

表 4-9　隔断骨架允许偏差　（单位：mm）

项次	项目	允许偏差	检验方法
1	立面垂直	3	用 2 m 托线板检查
2	表面平整	2	用 2 m 直尺和楔形塞尺检查

(4) 安装石膏板

石膏板的安装方法见前述板材隔墙罩面板安装的相关内容。

(5) 安装胶合板、纤维复合板

①安装胶合板的基体表面，应用油毡、釉质防潮时，应铺设平整，搭接严密，不得有皱折、裂缝和透孔等。

②胶合板如用钉子固定，钉距为 80～150 mm，宜采用直钉或∩形钉固定。需要隔声、保温、防火的隔墙，应根据设计要求，在龙骨一侧安装好胶合板罩面板后，进行隔声、保温、防火等材料的填充。一般采用玻璃丝棉或 30～100 mm 岩棉板进行隔声、防火处理，采用 50～100 mm 聚苯板进行保温处理，然后再封闭另一侧的罩面板。

③胶合板如涂刷清油等涂料时，相邻板面的木纹和颜色应近似。

④墙面用胶合板、纤维板装饰时，阳角处宜做护角。

⑤胶合板、纤维板用木压条固定时，钉距不应大于 200 mm，钉帽应打扁，并钉入木压条 0.5～1 mm，钉眼用油性腻子抹平。

⑥用胶合板、纤维板作罩面时，应符合防火的有关规定。

在湿度较大的房间，严禁使用未经防水处理的胶合板和纤维板。

(6) 安装塑料板罩面

塑料板的安装方法见前述板材隔墙罩面板安装的相关内容。

(7) 安装铝合金装饰条板

用铝合金条板装饰墙面时，可用螺钉直接固定在结构层上，也可用锚固件悬挂或嵌卡的方法，将板固定在轻钢龙骨上或将板固定在墙筋上。

(8) 细部处理

墙面安装胶合板时，阳角处应做护角，以防板的边角损坏，阳角的处理应采用刨光起线的木质压条，以增加装饰。

第五步
保障施工安全

1 熟记安全须知

1.1 一般安全须知

（1）工人进入施工现场必须正确佩戴安全帽，上岗作业前必须先进行三级（公司、项目部、班组）安全教育，经考试合格后方能上岗作业；凡变换工种的，必须进行新工种安全教育。

（2）正确使用个人防护用品，认真落实安全防护措施。在没有防护设施的高处、悬崖和陡坡施工，必须系好安全带。

（3）坚持文明施工，材料堆放整齐，严禁穿拖鞋、光脚等进入施工现场。

（4）禁止攀爬脚手架、安全防护设施等。严禁乘坐提升机吊笼上下或跨越防护设施。

（5）施工现场临边、洞口，市政基础设施工程的检查井口沉井口等设置防护栏或防护挡板，通道口搭设双层防护棚，并设危险警示标志。

（6）爱护安全防护设施，不得擅自拆动，如需拆动，必须经安全员审查并报项目经理同意，但应有其他有效预防措施。

1.2 防火须知

（1）贯彻“预防为主，防消结合”的安全方针，实行防火安全责任制。

（2）现场动用明火必须有审批手续和动火监护人员，配备合适的灭火器材，下班前必须确认无火灾隐患方可离开。

（3）宿舍内严禁使用煤油灯、煤气灶、电饭煲、热得快、电炒锅、电炉等。

（4）施工现场除指定地点外作业区禁止吸烟。

（5）严格遵守冬季、高温季节施工等防火要求。

（6）从事金属焊接（气割）等作业人员必须持证上岗，焊割时应有防火措施。

（7）木工车间及装修施工区易燃废料必须及时清除，防止火灾发生，发生火灾（警）应立即向 119 报警。

（8）按消防规定施工现场和重点防火部位必须配备灭火器材和有关器具。

（9）当建筑施工高度超过 30 m 时，要配备有足够消防水源和自救的用水量，立管直径在 50 mm 以上，有足够扬程的高压水泵保证水压和每层设有消防水源接口。

1.3 施工用电须知

（1）使用电气设备前，必须按规定穿戴相应的劳动保护用品，并检查电气装置和保护设施是否完好。开关箱使用完毕，应断电上锁。

（2）建设工程在高、低压线路下方，不得搭设作业棚、建造生活设施或堆放构件、材料以及其他杂物等必要时采取安全防护措施。

（3）不得攀爬、破坏外电防护架体，不得损坏各类电气设备，人及任何导电物体与外电架空线路的边线之间的最小安全操作距离。

（4）施工现场配电，中性点直接接地中必须采用 TN-S 接零保护系统（三相五线制），实行三级配电（总配电柜、配电箱、分路箱、开关箱）三级保护。线路（包括架空线、配电箱内连线）分色为：相线 L1 为黄色，相线 L2 为绿色，相线 L3 为红色，工作零线 N 为浅蓝色，保护零线 PE 为黄/绿双色。禁止使用老化电线，破皮的应进行包扎或更换。不得拖拉、浸水或缠绑在脚手架上等。

（5）实行“一机一闸一漏一箱”制。严禁使用电缆圈筒螺旋开关箱，严禁带电移动电气设备或配电箱，禁用倒顺开关。

（6）施工现场停止作业 1 h 以上时，应将动力开关箱断电上锁。

（7）熔断丝应与设备容量相匹配、不得用多根熔丝绞接代替一根熔丝，每组熔丝的规格应一致，严禁用其他金属丝代替熔丝。

（8）施工现场照明灯具的金属外壳必须作保护接零，其电源线应采用三芯橡皮护套电缆，严禁使用花线和塑料护套线。

2 读懂安全标识

2.1 禁止标识

常见禁止标识牌，如图 5-1 所示。

图 5-1 安全标识牌

2.2 警告标识

常见警告标识牌，如图 5-2 所示。

图 5-2 警告标识牌

2.3 指令标识

常见指令标识牌，如图 5-3 所示。

图 5-3 指令标识牌

2.4 指示标识

常见指示标识牌，如图 5-4 所示。

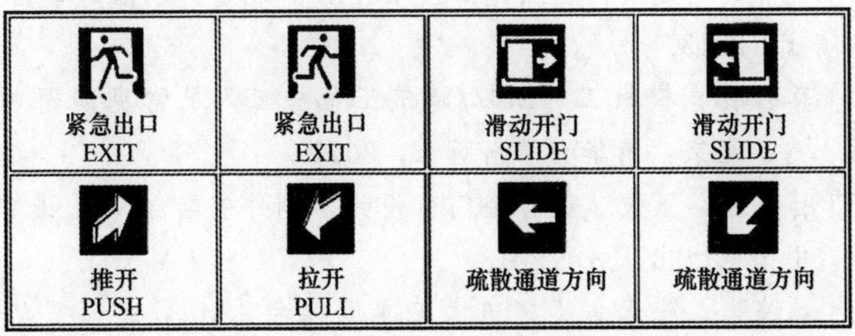

图 5-4 指示标识牌

参考文献

[1] 黄见远．实用木材手册［M］．上海：上海科学技术出版社，2012.

[2] 彼得·科恩．彼得·科恩木工基础［M］//王来，马菲，何美莹．木工学习第一节．北京：北京科学技术出版社，2013.

[3] 李书田．建筑门窗及施工技术［M］．北京：中国财富出版社，2013.

[4] 蔡召展．模板工［M］//建筑工程施工人员常见问题300例．北京：清华大学出版社，2014.

[5] 孙文迁，王波．铝合金门窗设计与制作安装［M］．北京：中国电力出版社，2013.

[6] 赖院生，陈远吉．建筑木工实用技术［M］//建筑工人学艺丛书．长沙：湖南科学技术出版社，2012.

[7] 张盾，李玉珊．木工入门与技巧［M］//李廷树．土木工程现场施工技能必备系列图书．北京：化学工业出版社，2013.

[8] 吕克顺．图解木工30天快速上岗［M］//图解建筑技术30天快速上岗系列．武汉：华中科技大学出版社，2013.

[9] 杨静琳．木工［M］//装修施工一本通．北京：化学工业出版社，2014.

[10] 高扬，张军营．胶黏剂选用手册［M］．北京：化学工业出版社，2012.

[11] 尹满新．木工机械调试与操作［M］//朱志民，李伟栋．全国高职高专家具设计与制造专业“十二五”规划教材．北京：中国轻工业出版社，2014.